歴史学の扉
歴史を学ぶということ

日本大学文理学部史学科 編

山川出版社

はじめに

伊藤雅之

この本は、日本大学文理学部史学科の教員たちが、これから歴史を学んでいこうとする方に、その学びの最初の一歩となるような話をお届けしたいという意図から世に送り出したものである。今これを読んでくれているあなたは、おそらく、歴史が好きであるという方か、もしくは何か理由があって歴史を学び始めようとしている方だろう。本書は、そうしたあなたに、歴史をより好きになってもらえるような、また、その学びをより有意義なものとしてもらえるような材料を提供していくつもりである。

具体的には、まず**第Ⅰ部**で「**過去について学問的にアプローチするとしたら、それはどのように進めるものなのか**」という話を、ざっくりとお伝えしていく。そして続く**第Ⅱ部**で、**日本を含めた世界の歴史の大まかな流れを確認する**。その上で、**第Ⅲ部**の各章で、日本史、東洋史、西洋史、考古学・文化財を担当する教員たちによる、**それぞれの領域にどのようにアプローチするか**という議論が展開される。このため、「歴史に学問的に取り組む」ことについての基本を押さえておきたいという方には、このまま「はじめに」の後の第Ⅰ部をまずはご覧いただきたい。他方で、今はより即物的に、高校日本史・世界史レベル＋αくらいの内容を見直しておきたいという方には、このまますぐ第Ⅱ部まで飛ぶことをお勧めする。今まさに必要と感じていることに最短ルートで向かっていくことが、多くの場合、最もよい学びになるからだ。同じ理由から、自分が知りたい地域や時代がより明確かつ限定されているならば、第Ⅲ部の中の、その分野を扱う章に一気に進むというのでも構わない（飛ばした部分にも後で目を通してくれれば非常にうれしいが）。

一方で、この「はじめに」のここから先の部分では、今しがた紹介した概論、通史、そして各論とはまた別の話をしたいと考えている。そして、もしあなたが歴史を主体的に学び始めて間もない方か、あるいは、初心に立ち返って改めて学んでいき

たいという方であるならば、まずはこの後の部分から読み進めていただきたい。お話ししたいのは、ズバリ「歴史を学ぶと何が得られるのか？」である。

　教員や学芸員をめざしている場合を別とすれば、多くの方にとって歴史に関する学びは、自身の日々の生活と結びついた営みというよりは、ある種のエンターテイメント、ないしは教養を深めるための様々な挑戦のうちの１つなのではないだろうか。もちろん、それはそれで結構なことである。実際、歴史を含め、人文学的な学びは、何か特定の目的を達成するための技術を習得するというよりは、「何の役に立つか？」と問われると直ちには答えにくいが「しかし興味を惹かれる」というような事柄を探っていくという色合いが強い。つまり基本的に、その領域についての話が好きである者の世界といえる。これからお話ししたいのは、そこでの学びを楽しむことが基本目的であるという点を重々承知した上で、せっかくなので、その楽しみながら学んだことをさらにまた実利的な領域でも利用するとしたら、例えばどういったところでそれは可能なのかという話である。

　これに関して本書が指摘したいのは、歴史に触れることは、自身の情報分析能力と、そしてまた他者に働きかける技術の向上に役立つという点である。というのもまず、過去を知るための基本作業は、情報の収集と分析といえるからである。本を読んである国のこれまでの歩みを知ろうとする場合にせよ、外国でごく最近に起こった事件を新聞やテレビで見聞きした話から考えるにせよ、さらにまた、冷蔵庫の中に入れておいたアイスクリームを誰が勝手に食べたのかを家族に聞いて回って事の真相を探るという時でさえ、これは変わらない。知りたいことを知るための手がかり（文字で書かれたモノ以外も含まれる）を探し、それをもとに答えを導き出す。これが歴史の学びの根幹をなしている。

　そして、やってみればすぐにわかることではあるが、情報は多くの場合、単独ではわからないまま残される部分も少なくない上、わかったと思われる点についても、それが事実かどうかの確認が難しい。例えば、アイスクリームを食べた犯人（まだあなたは彼ないし彼女が犯人と気づいていない）はあなたにウソをいうかもしれない。このため、聞いた話の中に何か矛盾する点はないか、またどうすれば手元の情報が正しいと確認できるかを考える必要

がある。場合によっては、ウソはつきたくないがアイスクリームを食べたとわかってしまうのも嫌であるという犯人が誤解を誘うような話をするかもしれないので、聞いた内容が仮に事実だったならばどこまでのことが判明し、どこから先がなお謎なのかを整理するという作業もまた欠かせない。ほかにも、事実を伝えたいがそれをうまく言葉にできず要領を得ない説明をしているという場合もあるかもしれないので、想像力を働かせることもまた大事である（外国からの旅行者に早口の英語で道を尋ねられた時の自分の姿を思い描いてほしい）。これらがつまり、情報の分析である。具体的にどういった方向性でこれを進めるかは取り上げる話題次第であるが、それでも、こうした作業を意識して繰り返し、そしてなるべく幅広く実践していけば、非常に応用の利く技術を身につけることができるだろう。

　さらにまた、歴史に触れる中で意識していれば磨いていけるのが、他者に働きかけていく方法を考える力である。というのも、上記のように情報は内容のみならずその信憑性の程度、それを発信する者の目的、話す技術のばらつきもあって、非常に多様である。そしてこのことに敏感であれば、その延長で様々な情報発信の形にもまた理解と想像が及ぶようになるからである。例えば、「誤解が生じる可能性が低い表現は何か？」、「どうすればシンプルな文章を書けるか？」、「その分野の初心者にどのように説明すればすでに判明している事柄を理解してもらえるか？」という具合にである。

　読者の中にはあるいは、そのようなことは歴史に関係なくごく普通にやって当然のことと思う方もいるかもしれない。そうした方は、学校の夏休みの宿題で読書感想文を書くよう求められた時のことを思い出してもらいたい。何かを調べてまとめることは、それだけでも大きな労力を要する。これに取り組んでいる時には、意識的に注意を払わなければ、自身が発信する情報を受け取る者にまでなかなか気が回らないのである（教員の方は、学生が締め切りギリギリに提出するレポートにおける漢字の誤変換の多さから、これを実感できるのではないだろうか）。

　さらにまた、情報発信の仕方に目を向けるのに慣れてきたという方であれば、その技術のほかへの応用も可能になってくる。例えば、あなたが勤め先で化粧品クリームの売り上げ増大のためのワーキンググループのメンバーに

選ばれたとしよう。クリームの品質はそれなりによいものの、競合他社を圧倒するほどではなく、また価格の面でもインパクトのある値下げは難しいとする。この状況下で売り上げを伸ばすにはどうしたらよいだろうか？　おそらく、多くの方は効果的な宣伝・広告を出すよう提案するのではないだろうか。ではどのようなアピールをするのがよいだろうか？　当然、主たる購買者と想定される層の心に響く広告やCMを考えるだろう。そして彼ら・彼女らに、業界随一のクオリティを誇るとまではいかないクリームを、最も魅力的な製品と思ってもらえるよう、効能の説明と同時に心を惹きつけるような言葉や画像を組み合わせた宣伝を模索していくことになるだろう。

　こうした作業は、実は過去についての情報のありようを考える営みと非常に似通った面を持っている。というのは、文字の形をとっているかどうかに関わらず、意識的になされた情報の発信は、基本的に誰かに向けてのアピールという側面を持つからである（なお、お気づきの方もいるかもしれないが、上の化粧品クリームと宣伝の話は、『歴史とは何か』の著者として有名なイギリスの歴史学者E・H・カーが『危機の二十年』という作品の第8章で例としてあげている話を意識しながら書いたものである）。例えば歴史書は、取り上げた国や出来事について著者が事実と認識しているところを読者に共有してもらうことを意図して書いたモノという面を持つ。また公共の場に建造された誰かの功績をたたえる石碑には、その空間において何が肯定的に捉えられるべき行為なのかを明示し、これを目にする者たちにそうした価値基準に従って行動するよう促す意図が込められている。誰に何をアピールしようとしているのか？　ターゲットとしている者に、どのような仕掛けでもって訴えたい内容を受け入れてもらおうとしているのか？　過去について学ぶ中でこうした点にも注意を向けていくことで、歴史的事件に限らず自身の周りにおける様々な宣伝や情報発信のありようにも敏感になることができ、そしてそうした経験は、上であげた例のように、自身が発信者となった際にも応用が可能となるわけである（なおE・H・カーも述べているように、どれほど見事な宣伝をしても、その内容が事実から遠いものであればあるほど読者・聴衆にその虚飾の部分が見抜かれやすくなるので、宣伝やそれによる誘導の効果を高く評価しすぎない点にも注意が必要である）。

このほかにも、情報発信者が意識せずに発している情報を見つけ出し（例えば古代遺跡のゴミ捨て場は、そこの住人たちが何を食べたのか、どのような日用品を使用していたのかなどを教えてくれ、また宗教書における天国の描写は、その宗教が生まれた場所で暮らした人々がどういった環境を理想としていたかを間接的に伝えてくれる）、そこからまた何かを探るなど、歴史に関する学びを通して得られ、かつ自身の日々の生活の中でも役立てることが可能な技術は数多く存在する。とはいえ、紙幅の都合もあるので、ここからは最初に述べたように、ほかの教員たちによる、過去を学問的に学ぶことについての概論的説明、次いで歴史の大きな流れの概説、そして各分野の導入的な話に道を譲りたい。その上で、この「はじめに」でお話ししたような、歴史の学びを楽しみつつ、かつそれを実生活にも応用するとしたら何ができるのかという問いを、各人なりに模索していってもらえれば幸いである。

目次

はじめに　伊藤雅之

第Ⅰ部　歴史学の扉　関 幸彦 ——————————————— 1

第Ⅱ部　日本史・世界史の群像　代表編集 関 幸彦 —— 19

第Ⅲ部　歴史学への誘い ——————————————— 77

　[日本史]　律令制から日本古代史を考える　武井紀子 ——— 78

　中世武家領主支配の
　学際的調査研究への招待　田中大喜 ————————— 88

　徳川将軍論から見た近世日本　小川 雄 ———————— 99

　日本近現代史
　　―研究の特徴と面白さ―　古川隆久 ———————————— 109

| 東洋史 | ソグド商人の宝探しと
ユーラシアの東西交流　福島 恵 ── 119

オスマン帝国はいつ滅亡したのか　粕谷 元 ── 130

| 西洋史 | 西洋前近代史
　　　　―その学びと目指すもの―　伊藤雅之 ── 141

ソ連社会主義体制下のロシア・ソ連史
　　　　―ロシアにおける第一次革命研究の変遷―　土屋好古 ── 153

| 考古学・文化財 | 考古学から歴史を考える　浜田晋介 ── 163

考古学から社会を考える
　　　　―古代国家と古墳時代―　山本孝文 ── 171

文化財とは何か
　　　　―その特徴と保護・継承―　平野卓治 ── 182

あとがき　福島 恵

第Ⅰ部

歴史学の扉

歴史学の扉

関 幸彦
Seki Yukihiko

歴史学の扉を叩く方々への入門的内容です。大学で歴史を勉強したいと考えている高校生と、大学教員の、オープンキャンパスでの個別相談という形をとっています。歴史とは何か、歴史を学ぶ意義は何か、という話から、大学生に求められる学問レベルの歴史学とは何か、など、話は多岐に及びます（以下は♟を学生、♙を教員としています）。

歴史学と5W1H

学校の先生に、大学の史学科で歴史を勉強したいと伝えたら、勉強としての「学習」と「学問」は違うから、よく考えて決めなさいといわれました。そもそも、この2つはどこが違うのかよくわかりませんし、また、大学で学ぶ「歴史学」とは果たしてどのような内容なのかも、正直、充分には理解できていないので、そのあたりから説明していただきたいです。

いきなり難しい質問ですね。1つ目の「学習」と「学問」の違いについてですが、「学習」はやはり字のように、習う・習得する行為、つまりは勉強と近いニュアンスかと思いますね。それに対し、「学問」は自分で主体的に研鑽を積むこと。簡略にいえば、自主性の量の違いでしょうね。「歴史学」とは何かという2つ目の質問にも関係するので、少し具体的に、丁寧に説明してみますね。

「5W1H」って聞いたことありますよね。いつ（When）、どこで（Where）、誰が（Who）、そして、なぜ・理由（Why）、どんな意味・意義で

(What)、どのように・方法（How）、を表現するものですね。このうち前三者の When、Where、Who に関わる内容は、史料的に確実な「史実」に属することですね。けれども後者の Why、What、How は「解釈」に属する問題なのですね。学問としての歴史学は、その後者の３つの場面に関わる内容に特化して考えることなわけです。ですから動かしようのない史実を勉強するのが、学習ということになるわけですね。

　例えば、12世紀末に（When）、源頼朝が（Who）、鎌倉に（Where）幕府を開いたという内容については、史実として動かせないわけです。けれども、なぜ12世紀末だったのか。あるいは、どうして頼朝でなければならなかったのか。あるいは、なぜに京都ではなく鎌倉が選択されたのか。これらのことは、確定した解答がないわけですね。それらは学問（歴史学）の領域に属す、解釈に関わる内容ともいえる。だから、どのような過程（How）で鎌倉幕府が成立したのか。また、それにはどんな意義があるかという（What）の問題も、すべて解釈に関わっているのです。

なるほど。友人から、過去の出来事を知ることは知識としては意味があるけど、どんな役に立つのか？　などといわれたりもするのですが、その友人たちは表面的な、動かしがたい史実のみを歴史学と思っていたわけですね。この史実をどう解釈するかという"解釈力"は、あらゆる物事を探究する時の基本になりそうです。

おそらく世の中の多くの人たちは、歴史を暗記の科目と考えているでしょうけど、それは歴史を解釈に力点を置かずに、表面上の出来事をいかにたくさん覚えているかを競う科目だと勘違いしているわけですね。もちろん、知らないよりは知っていた方がいいけど、それだけでは「学問」にはなりません。そこで、学問としての歴史学について、もう少し深めて考えてみましょうか。

先ほどのお話で、史実（時・人・場）と解釈（理由、過程、意義）の２

つのうち、後者について考えることが学問としての歴史学であるということがわかりました。では、歴史を大学で学ぶことの意味は何なのでしょうか。

歴史学は何のために

よく質問されます。何のために大学で歴史を勉強するのかと……。大学は様々な学問を提供する場です。社会への役立て方という意味からすれば、歴史学は、医学系や法律系の実学とは性格を異にするわけですね。学問を対象別に分ければ、自然（自然科学）・社会（社会科学）・人間（人文科学）に大別されますが、歴史学は広く人文科学に類型化されています。その際、役立ち方という点では、ベクトルが外へ向かう傾向が強い学問ほど、実益度が高いといえる。歴史学はどちらかといえば、過去の人類の営みの総体を対象として、それをどう認識するかという、認識の仕方に力点が置かれている。その点では内側に、つまり個人の内面に向かう本質を持っています。少し難しいかもしれませんが、もう少し続けましょう。役に立つか否かは最終的には歴史に携わる立場により異なるわけで、"こんなことに役に立つ"などと大上段には解答できないのです。例えば日本史を勉強する際に古文書や漢文を読めるようになる。それは学問のための手段としての役立ちなわけですね。また外国史の場合だって英語以外の言語に堪能になることも手段ですよね。考古学の場合だって発掘方法や図面の描き方がある。すべてがそうです。そうしたことでいえば技術・テクニックを学ぶことで役立てられるとの見方もできます。けれども、いずれも、学問を修得する際の技能に過ぎない。それ以上に重要なことは何であるかといえば、物事を相対化してながめる訓練なり、多角的な見方に向けての姿勢なのかもしれないですね。

そうしますと、大学での学びは、レベルがさらに高い所に設定されていることになるのでしょうか。

🧑‍🏫 そうでしょうね。極論すれば抽象的な思考の鍛錬ということになるかもしれません。物事を論理的に考えるという、思考の耕し方に関係しますね。だから、目標値があってゴールがあるというものではない。そこに面白さと興味もあるわけで、あくまで"自分にとって"が基準なわけですね。思慮深く、客観的で、相対的に世の中の動きを見きわめる。そのための鍛錬につながる。あえて役に立つかどうかを論ずれば、こんなところとなるのでしょうか。

　それは、効率主義をオールマイティと考える立場からすれば、"壮大なるムダ"と映ずるかもしれない。けれどもムダなことはゆとりであり、余裕ということでもある。大学は、のちの人生の時間をゆとり化しうるための準備の時間と考えることができると思う。実学的思考に縛られず、自分のための贅沢(ぜいたく)な時間を過ごすためのウォーミングアップと考えてみてはどうでしょうか。

🧑‍🎓 そうですね。なんだか歴史の学問は、成果主義の勉強と少し違う気がしますね。最小の努力で最大の効果をあげるのとは、いささか異なるものがありますね。

🧑‍🏫 その通りかと思います。学問は本質的には"最大の努力で最小の効果"しか得られないものですから。長い目で思考するということでしょうね。とはいえ、社会に出て役立つ力も身につけることができるはずです。例えば、大学の史学科では多くの場合、卒業論文（卒論）が必修単位として課せられています。卒論とは４年間の大学での学びの成果を論ずることが眼目なわけです。テーマの選択・設定、論理の展開、史資料の収集、そして叙述。これをすべて自分の力でやらなくてはいけない。ある意味では「無」から「有」を創り出す知的営みでもあるわけです。

　大変な労力がかかりますけど、これに携わることで、論理的な思考が養われることになります。その思考の過程では、他人の研究や見解に出会った際に、それを鵜(う)呑みにせず、自分の眼で確かめるという検証が重要になる。とりわけ昨今はSNSで、好き放題の情報が氾濫(はんらん)している状

況ですから、情報の選択が問われますね。情報の根拠が重視されるから、自身の眼で選択することが大切になります。卒論を書く中で自然とそうした態度が身につくはずで、それは社会に出てからも要請される情報処理能力に関係しますね。深く考えて発信できるかどうか、それは歴史を含めた学問を深める行為の中で、育まれるものだと思いますね。

なるほど、そういった力が身につくのですね。ただ、親に進路について相談すると、文学系の学部での勉強は"ツブシ"が利かないから、"食べる"ことに直結した勉強、例えば法学部や経済学部などの進路も考えた方がいいといわれ、実は悩んでいます。

当然の悩みかと思います。でもよく考えてみると、大学での勉強で社会に直結するものは、多いかといえば、実はさほどではないと思いますよ。企業側はどの学部を出たかはそんなに問題にしておらず、面接で問われるのは、大学時代に何を、どんなふうにやったのか。こちらの方が重要とされている。つまり、ある種の目的意識に基づいて、どれだけ努力を重ねたのか、これこそが重視されることです。そしてそれを自分の、自分なりの表現で伝えるコメント力も期待されています。他者の前で自分の意見を伝える伝達力には、文章を介して伝達する方式（卒論やレポート）もあれば、口頭（ゼミでの発表）での方式もある。学科のゼミのシステムは、そうした発表力なり発言力を鍛えるためにも役立つはずですね。

歴史と歴史学

ありがとうございます。歴史学の周辺は、わかってきたように思います。次は、この歴史学自体を、深掘りしていただきたいです。

そろそろ本丸部分、すなわち歴史学の中身について分け入ることとしましょうか。

今日は「歴史と歴史学の違い」について考えてみましょう。これ以外もアプローチの方法はあるはずですが、まずはここから始めていくことにしましょう。

　そもそも「歴史」という言葉は、「歴」と「史」から成り立っていますよね。「歴」は「過去の事柄」だろうし、「史」は文と同じように、"ふみ"とも読み、記録されたものを指します。要は「過去の記述」のことですね。つまり「歴史」には2つの意味がそこに込められている。その点ではものすごく曖昧な面もあります。

　歴史とは過去の出来事だと捉えられているかもしれませんが、実は過去のすべてが対象となるわけではなく、記録されている過去しか対象とすることができないのです。だから歴史学の対象は限定された過去の出来事、つまり歴史的意味や意義があるものが対象となるわけですね。ローマ時代の歴史といってもローマ時代のすべてが対象となるわけではない。叙述、記録されたものから出来事の軽重を抽出し、歴史像を提案することになるわけですね。

　記録されたものは、文字史料の場合もあれば、物質資料もあります。前者は文献史学の領域となるし、後者は考古学の範囲とされます。その史資料の対象によって同じ歴史学といっても、違いもあるわけですね。

　そうしますと、日本史であろうと世界史であろうと、古記録や古文書などの文献を材料に歴史像を組み立てる場合と、記録がない時代あるいは記録がある時代であっても地下からの埋蔵物によって、歴史像を提供する場合の2つがあるということですね。

　そうですね。とりわけ後者の考古学は「地下からの証言」という形で"モノ"を通じて"語らせる"という面もあるわけで、発掘により新しい史実が浮上することもあるわけですね。ピラミッドや日本の古墳などの調査は、興味深い点もありますが、実際には地道な作業ですね。

時代区分について

🧑 ところで、世界史分野と日本史分野は、時代の区分の仕方が少し違うところもあるみたいですけど、時代区分は何のために提案されるのでしょうか？

👤 日本史でいえば、〈貴族の世〉とか〈武士の世〉、あるいは〈町人の世〉、そして〈市民の世〉とかいうように、政治権力を動かす主体からの分け方もありますね。また、飛鳥時代・奈良時代・さらに平安・鎌倉・室町・江戸といったように、政治権力の所在地による区別もあるはずです。けれども、それらはあくまで便宜的な呼称に過ぎない。中学・高校レベルではそれを古代・中世・近世・近代などという分け方で提示されるようになっています。質問の趣旨のポイントはそもそも時代区分の意味とは何か、という点でしょうけど、これもなかなか鋭い質問ですね。人類の営みを過去にさかのぼり整理するための"モノサシ"が時代区分というものです。

　想像してみましょう。私たちは過去という時間の堆積の中にいる。今という瞬間は、過ぎ去ると過去になってしまう。その時、過去の時間の流れから共通した要素を抽出し、そこに意味を見出そうとします。文章を書くことに喩えていえば、よりわかりやすいかもしれませんね。間断なく流れる時間が1つの文章だとして、過去の時間の連続性などの意味のまとまりを考えながら「、」「。」を付し整理するようなものですね。それと同じく、人間の歴史の営みに共通のまとまった時間枠を設定し、それを「古代」と呼称しようとする。あるいは別の時間枠で共通した出来事の時期を「中世」と呼ぶこともあります。整理のための便宜上の仕分けが、時代区分といっていいかもしれないでしょう。過去の人類の足跡を積極的に見きわめて、そこに共通の規則性を見出すための方法ともいえます。

🧑 少し難しいですが、何となくはわかります。けれども、そもそも例えば

「中世」と一口にいっても世界史区分での「中世」は、ルネサンス以前を指すわけで、日本史の「中世」は必ずしも同じ時期ではないですよね。なぜ、このような違いが生じるのでしょう。

レベルが高い質問連発ですね。指摘の通りですね。確かにズレがあります。それは次のような事情があります。そもそも各地方あるいは各国では、固有の尺度で自分たちの過去を見つめてきた。19世紀まではヨーロッパにおいて世界史は、西洋史だった。だからルネサンス時代の歴史家たちは、自分たちの生きた時代を「近代」と考え、それまでのキリスト教的世界観を否定した。そして、そのキリスト教に支配された暗黒で野蛮な時代を「中世」と考えた。それ以前のギリシア、ローマ時代こそを、古いけれど新しい時代の理想像を提供するものとして、「古代」と理解した。ここに古代・中世・近代の3区分法が成立したわけですね。いわば明るい古代、暗い中世、そして明るい近代という明暗による区別でした。

でもそれは時間的尺度を前提としているために、新しい時間（時代）の経過により近代の位置は変更され、「現代」が追加されたりする。この区分には、確かに妥当性もありましたが、何といっても特別な理論背景を持つものではなく、ヨーロッパの、西洋中心の考え方で、問題も残されています。その後、経済史研究の進歩で「自然経済」「貨幣経済」「信用経済」の段階理論も提案されますが、社会・政治・文化の総体を包括するものではありませんでした。

そのような中で19世紀には全体的な歴史理論として、マルクスによる唯物史観が提案されました。ただし、これにも異論があり、結局世界史には確立された時代区分があるわけではないわけですね。その点、日本史では便宜的ではあるが、古代・中世・近世・近代という4区分法がポピュラーとされている。こうした背景から世界史と日本史の時代区分は一致していないんです。問題は各時代ブロックがどんな中身を想定するかにかかっているわけで、今日の基準ではおよそ日本史・世界史を問わず、次のような尺度が採用されているのではないでしょうかね。

①生産物の分配のあり方からの区別です。例えば、年貢か、貨幣か。
②商品流通がゼイタク品（奢侈品）か、日常の必需品か。
③支配者が農村居住か、都市居住か。
④特権階級が家格（身分）を前提とするか。

①については生産物を税とした場合、古い時代から新しい時代への移り変わりの目安ということでしょうか。
②では流通の品々に注目して生産物に余裕があるかどうかが、分かれ目となるのでしょうか。
③の場合、土地から支配者が離れているかどうかが、重要なのでしょうか。
④も家柄や出身が社会全体の仕組みかどうかということなのでしょうか。多くの人々が主役になる以前は、身分秩序が前提となる時代ということになりますよね。

そういうことでしょう。要は①から④の例でいえば、それをどういう概念で説明するかという問題なわけです。奴隷制から農奴制なり、封建制さらに資本制への推移がそれぞれに説明されている。だから、時代区分のモノサシは多様であるため公約数的な流れでしか、人類の歴史を説明しきれないという面もあるわけですね。例えば、「税」（ゼイ）という漢字がありますが、これは訓の読み方では「チカラ」と読む。有名な忠臣蔵の大石内蔵助の息子に大石主税（チカラ）がいましたが、知っていましたか。

　話がズレたけど、「税」とは本来、力（労働）により主人に奉仕することで成り立つ。だから、古代の時代とは「ヒト」の「チカラ」（力）が税の主体をなしたわけです。難しく表現すれば「労働地代」という概念ですね。ところが「一所懸命」の語があるように土地（所領）が大切になると、土地からの生産物すなわち米などの年貢を税として支配者に差し出す形態が一般化する。要は「ヒト」（労働力）から「モノ」（生産物）へと変化する。広くいえばそれが古代から中世への転機と考えられ

ています。そして税は近代に至って「カネ」（貨幣）になる。つまり「税金」ということになります。古代から近代になるに従って税が労働力（ヒト）から生産物（モノ）、そして貨幣（カネ）と転換されてきたというわけですね。

時代区分ひとつとっても、これほど考えることができるのですね。まだまだわからないことだらけですが、まずは、歴史学の扉を叩けたように思います。

史学科の入口と出口─入学から卒業まで─

次は大学生活に際し、少し具体的な質問をしていいでしょうか。大学生活4年間の流れについてです。1年生ではどんなことをするのか、ゼミナール（演習）はどのようなものなのか、さらには、少しご説明いただいた卒業論文に向けてのことなどですが……。

高校との違いも含めて気になるところですよね。まず、最近は高校でも単位制を導入する学校も少なくないですが、大学の場合、単位制が原則です。したがって、自分が選択した授業のみ出席すればいいわけです。毎日大学に来る必要はありません。けれども1年生は必修や選択の科目が多いから、毎日来ることになるかもしれませんね。教員や学芸員、図書館司書などの資格取得をめざす学生たちは、さらに忙しいと思います。資格課程科目と総称される、「教職課程」の科目や「学芸員課程」の科目など関係するものを上積みして選択しなければなりませんから、大変でしょう。かなりの覚悟で臨むことが求められます。

　詳細は入学後のオリエンテーションで説明会がありますから、そこに必ず参加してくださいね。

なるほど。そうするとサークルとの両立も計画的に対応していかないとまずいですね。ちなみにゼミナールはどのようになっていますか。

🧑 それについても学科案内のパンフレットに記載されているので、よく読んでもらいたいのですが、ざっくりいえば、次のように考えてほしいです。

　1、2年生で学ぶ科目は、教養科目（リベラルアーツ）と、3、4年生で主に学ぶ専門科目に大別できる。元来ゼミは後半の3、4年生の専門科目に属します。本学の史学科では先取り方式を採用して、3年生段階に決定される専門ゼミのいわばプレゼミにあたる「基礎実習」という科目を、2年生で履修する方式をとっています。これを食事に喩えれば、1年生は"バイキング方式"で人文・社会・自然の各学問分野から、色々な料理をとりあえず皿に盛って食べてください！　ということになる。1年生の場合、好きなものを選ぶための準備期間、ウォーミングアップと考えてもらえばいいわけです。その中で、やはり味覚で好みもあるわけですよね。そして、2年生では、その"バイキング方式"を教養習得期間として継続させながら、前に触れたように、3、4年の専門課程に進むための先取りとして「基礎実習」と呼ばれるプレゼミを選択してもらいます。その「基礎実習」科目を選ぶことで、大枠での方向性を決定してもらうわけです。自分がやりたいのは考古学か、それとも日本史か外国史かの判断も可能ですよね。それをもとに、3年生になると厳密な専攻に進むわけです。多くの学生は2年次の「基礎実習」で選んだ教員のゼミを、そのまま3年、4年と続けて履修します。

　ゼミは原則少人数で、ゼミにより異なるけれど20名前後です。そこでは発表もあれば史料の輪読もありますから、努力が必要になりますね。

🧑 発表と輪読……。私は人前で話すのが苦手なので、不安になります。

🧑 気持ちはわかりますがね。自分の考えを発表するプレゼン力は社会に出てからも必要な能力です。ですから極力苦手意識を早めに克服できるように努力しなければなりませんね。近年は採用試験として集団討論を行う会社も多いみたいですから。論理的に自分の考えを人の意見と対比させながら、議論する方式ですね。これはやはりゼミでの発表を繰り返す

ことで、培われていくものでしょうから。

🧑 頑張ります。4年生になると、いよいよ卒業論文ですね。正直、どのように卒論に向き合えばいいのかわかりません。高校の授業でレポートを書いたことはありますが、卒論はその集合みたいなものと考えてもいいのでしょうか。

👨‍🏫 少し違うかな。卒論の場合、何といっても、1つの主題に焦点を当て、論ずることが求められます。分量的には所属するゼミでの決まりもありますが、日本史の場合だと、400字詰の原稿用紙に換算して、本文が70～80枚。補注・参考文献が20～30枚程度。合計で100枚弱が目安ですね。いくら「量」より「質」とはいっても、あまりに少ないと、やはり難しいでしょう。よくゼミの担当の先生と相談しながらテーマを選び、取りかかるようにしてください。

　4年生は卒論に注力できるように、3年生までに多く単位を取っておいて、ほかの授業の単位の負担を少なめにしておく必要がありますよね。というのも、やはり、4年生の時期は就職活動があり、こちらにもエネルギーを注がなければなりませんので。

🧑 まだ先のことだからピンとはきませんが、やはり不安です。卒業論文を書くことは大学の研究の集大成になるものでしょうから。まず、書くべきテーマが見つかるのかどうか、心配ですね。

👨‍🏫 卒論の話に発展したので、ここで少し話が難しくなりそうですが、"歴史を叙述する"とは、そもそもどういうことなのか。議論を発展させていきましょうかね。

卒業論文と歴史の叙述

👨‍🏫 卒論を書くこと（叙述）は、それなりに準備が必要です。書き手として

自分がどのような視点や考え方で取り組むのか、また何について叙述するのかという対象をはっきりさせることですね。要はテーマ設定に向けての問題意識ですね。これが成熟しないことには、どうにもならないわけです。

でも、それってかなり難しい気がします。そもそも卒論に向けて準備を始めたとしても、自分がどのような事件・人物、あるいは制度に興味や関心があるのか、わかるものでしょうか。本当に見つかるのだろうかという不安があります。何を問題とすべきなのかという、問題設定に向けてのエネルギーの出し方ともいうのでしょうか？　その見つけ方についてです。

いわんとすること、よくわかりますよ。3年生の前期くらいからゼミでどんなテーマを設定するのかの話し合いがなされますが、その時点でまだテーマが決められない学生もいますからね。多くは各ゼミでの専門の勉強が不充分であることに原因があるのですが、「やりたいこと」と「できること」をハキ違えている人も少なくないようです。歴史小説や時代小説と異なり、学問としての歴史は、「やりたい」テーマがあったとしても、それを具体化するための史料がどれだけ存在するのかが大きいのです。「できること」あるいは「できそうなこと」に向けてのアプローチの仕方がしっかりしていれば、問題意識の絞り込みが容易となります。問題意識なり問題関心がしっかりしていれば、それへの分析視角（アプローチ）も定まり、課題の攻略に向けて、どのような側面から研究すべきかは明らかになっていくはずですね。

「やりたいこと」と「できること」は違うというのはわかるのですが、そのギャップを埋めるのは一筋縄ではいかない気もします。「やりたいこと」と「できること」とは最終的に論証の可能性の高さということなのでしょうか？

なかなか鋭い所をついてきますね。確かに論証・証明の前提となるのは史資料の有無にかかっています。いくら「やりたいこと」があったとしても、関係する史資料がなければ、推測でしかない。小説を書こうとするなら問題はないでしょうがね。学問であるためには信用に値する史資料が必要となります。その史資料の提示を前提とする推測ならば問題はないのですが……。だから裏づけのある史資料を示さずに、推測したとしても、それは空論でしかないのです。

　さらに、ここで留意しなくてはならないことがあります。それは論証に必要な史料の質の吟味です。難しく表現すれば、「史料批判」ということになります。

今指摘された「史資料」というのは、文字史料だけなのでしょうか？

そうではなく過去に人類が作成して残ったものが、歴史学の材料になります。文字だけではなく、建築物や画像なども含まれます。だから史資料の信憑性に向けての作業が要請されますね。そういった幅広い史資料の意義を見きわめる作業（いつ、誰が、どこで、何のために作成したかの検討）です。ある出来事が起きて、リアルタイムでその当事者が関係した史料は信用度が高いとされます。それを「一次史料」と呼称しています。それ以外のものは「二次史料」とされます。

そうしますと、どんな史料が具体的に「一次史料」なり、「二次史料」とされるのですか？

「一次史料」とされているのは信頼性の高いもので、例えば当該事件のことを記した「日記」（古記録類）とか、あるいは「古文書」などが代表的なものとなります。「二次史料」については、時間差がある編纂史料などで、後世の編纂主体者の意志が入っており信頼度が落ちますね。例えば、鎌倉幕府の記録とされる『吾妻鏡』などは、幕府の正当性を主張している箇所も少なくなく信頼性に欠ける点もあるわけです。そのほ

かにも同じく編纂物でいえば、説話史料なども、やはり使用する際には注意が必要となりますね。
　歴史研究は史料によって行われますが、歴史学が直接対象とするのは、あくまでも過去に起こった事柄です。史料とはその過去の事実を伝える媒介として用いられるのです。したがってその媒介となる史料が過去の事実を正しく伝えているのか、否かの吟味が必要となるわけです。「史料批判」とはそのための手続きということになります。

何となく理解できる気がします。これまで多くのことを教えていただきましたが、最後に、大学で歴史学を学ぶ意味について、総括していただきたいです。

なかなか歯ごたえのある要望ですね。歴史という学問に限らず、大学という"最高学府"にあっては、1つはすでにお伝えした、中学・高校の教員や学芸員の資格など、高度な知識・技術の習得が目的です。そして2つ目としては、高度な問題解決能力の習得でしょうね。その最たるものが卒業論文の作成ということになるわけです。それは卒業論文の執筆という作業を通じて、自らが問いを立て、答えを出すために必要な手順を考え、実行していく過程でもあります。問いを立てるためには「疑う力」、つまり鵜呑みにしない姿勢が必要です。別のいい方をすれば"自分の眼"で見ることが大切です。この2つは車の両輪にも喩えられるもので、それぞれがうまく嚙み合うことで大きな力を得ることができるのです。社会が大学に期待することの1つも、そうした広い視野を持った人間の育成なのですね。異なる地域や文化への洞察力を持った若者への期待といってもいいでしょうね。大学での学問の社会的意義もそこにあるわけですね。

今、お話しいただいた内容は、確かに大学がめざす人材の育成に関わる目標みたいなものだと思います。この点をベースにしつつ、先生は歴史を専攻する立場から、どのような観点が要請されると思われますか？

一言でいってしまえば「歴史学」とはどんな学問なのか。つまりは学問としての歴史をどう考えるのか、という、大きなテーマになってしまうのですが……。

そうですね。これまでの内容のおさらいになりますが、歴史認識に関わるテーマともつながる内容ですね。

　要は「史料批判」を前提に史料（考古資料も含めて）に基づき、過去の事実を復元し、歴史的文脈に基づいて解釈する。そのことを通して過去における社会の変化の様相（要因・実態・影響）を理解し、体系的な歴史認識の形（卒業論文や学術論文）にまとめる。こんな流れとなりますかね。抽象的な内容で少し難しいかもしれませんが、ぼんやりとでもいいですから、いわんとすることが少しでも理解してもらえたなら、うれしく思います。

自分でも、よく考えてみます。
　今日は、たくさんのことを教えていただき、ありがとうございました。

第II部

日本史・世界史の群像

日本史・世界史の群像

代表編集 関 幸彦

■ 構成とねらい ■

　第Ⅱ部は古代から近・現代に及ぶ日本史・世界史の大局について、その展開過程を概観しようとするものである。以下、ここでの目的について略記しておく。

1　2022年度から高等学校で必修科目となった「歴史総合」への対応も含め、日本史・世界史の一体化の見地に立ち、両者が相互に関連し合う時代を重点的に取り上げた。その限りでは「通史」ではあるが、決して網羅的なものではない。グローバルな視点から両者相互の骨格を構造的に明らかにすることに意を注いだ。

2　時代的には古代から現代までの諸画期のうち、日本史・世界史相互が密接な関連を有する7～8世紀、12～13世紀、15～16世紀そして19～20世紀の4つの段階に焦点を据えた。その際、グローバル的視点を維持することを前提として、便宜的にまず日本史の展開を叙述し、そこから同心円的拡大の視線で同時期のユーラシア史（アジア・ヨーロッパ）を俯瞰する方法をとることにした。

日本史と世界史の出会い

　「世界史は日本史であり、日本史は世界史である」という、平凡にして自明の観点が大切であろう。その意味では、日本史と世界史の区別の垣根をできうる限り取り払った上で、歴史認識がなされることが望まし

い。それは単に断片的知識の受け入れではなく、日本史・世界史の相互的受容の方向が求められよう。

したがって第Ⅱ部の目的も日本史や世界史の詳細な通史から離れて、大局的視点に立って、歴史上の諸画期に焦点を据え考えることに意を注いだ。その場合の具体的方向づけとして、いくつかの切り口が考えられるが、ここでは基本的に「文化と文明の諸相」という流れで、歴史的な展開をあとづけておこうと思う。

文明をめぐる「開と閉」の体系

しばしば指摘されるように、ユーラシア大陸・アメリカ大陸の諸文明と遮断された位置にある日本の歴史は、歴史の壮大な「実験室」でもあった。自主的な発展を遂げる民族・国家が、どのような歴史過程を経て、現在に至ったのかを考えることは、歴史学的に確かに興味ある課題となろう。しかし、日本の歴史においては、「海」を接触の場として流入した中国・欧米の文明による自己変容も繰り返された。

こうした文明の流入と遮断は、「開の体系」と「閉の体系」という2つの旋律として、これを理解することも可能となろう。

日本史の場合、「開の体系」の時期には、中国文明や西欧文明との国際的交流が国家規模で展開し、日本社会に新たなインパクトを与えた。他方、「閉の体系」の時期は、遣唐使が廃止された平安後期や、「鎖国」体制の江戸期などが該当する。この時期には、「文明」よりも、むしろ「文化」が、別のいい方をすれば、「日本的」なものが成熟した。文明が変容し「化」ける過程で、民族的・特殊的要素の文化が誕生するとの見方もできる。

上記は、やや乱暴な論議なのかもしれないが、日本史のみではなく、広く人類史にも相応に共通する論理であると見込まれる。以下では、この青写真を踏まえ、古代～現代までの時代像について改めて検討をくわえていきたい。

ｉ 7〜8世紀の日本と世界

時代の扉

　日本海を隔てアジア大陸の東辺に位置する日本列島では、長期に及ぶ旧石器・縄文期を経て、紀元前数百年頃までには、水稲耕作と金属器使用を特徴とする弥生文化が成立し、各地域に分立的小国家群が形成されていった。
　そして、3〜7世紀を中心として展開された古墳文化期には、在来の小国家が次第に強大な王権の出現とともに統合され、その過程で畿内を中心に古代国家形成が進んでいった。『漢書』、『後漢書』、『三国志』（『魏志』倭人伝）、『宋書』などに散見する日本からの遣使の記事は、こうした古代国家の形成に向けての歩みを象徴するものであり、中国的権威を背景とした日本の文化交流を物語るものであった。
　また、この時期における朝鮮半島との文化交流の場面では、渡来人が盛んに渡来し、大陸の進んだ文明を日本に伝えた。漢字をはじめ、その後の日本文化の形成に大きく寄与した儒教や仏教が伝えられたのも、この時期であった。こうした前史を持つ日本の古代国家は、大陸での政治的変動を通じて成立した隋・唐帝国の影響を受け、律令に基づく中央集権国家を築き上げ、その後の日本社会の基礎をなした。
　7世紀以降の古代文化の諸段階は、こうした東アジア世界との関わりの中で、展開されることになる。飛鳥・白鳳期に代表される7世紀初頭の仏教文化は、中国の南北朝〜初唐期のそれをモデルとし、これに次ぐ8世紀の天平文化は、盛唐期の国際性を色濃く反映していた。その後9世紀の弘仁・貞観期に代表される平安前期の文化は、前代以来の仏教文化を消化しつつ、中国的貴族文化の満開期を達成した。それは広く東アジアにおける仏教・儒教を軸とする宗教文化圏の流れと連動するものだった。この点について視点を世界に広げながら、この時期の東アジアからヨーロッパに至るユーラシアの大局を概観しておこう。
　7〜8世紀を通じて世界の主要地域では、宗教的なまとまりができ上がり、

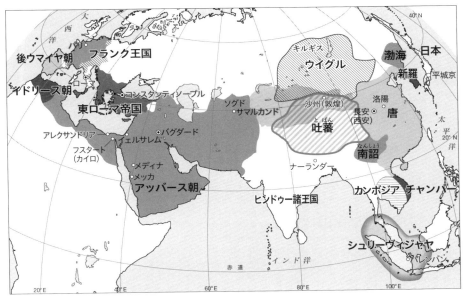

8世紀の世界

特有の国家機構も成立をみた。いずれの地域においても、多部族・多民族を包摂する広大な領域を擁する大帝国が成立をみている。そこでは多様な諸要素が併存しつつ、ゆっくりとした時代の流れの中で、徐々に融合に向かう。この融合の触媒の役割を果たしたのが宗教であり、しかも宗教はさしあたり、国家権力や支配階層の庇護のもとにあり、それとの結びつきを強めていたといえる。儒教・仏教をバックボーンとする律令制の中国文化圏、ヒンドゥー教とカースト制のインド文化圏、カリフ制が成立したイスラーム教文化圏、そして初期封建制下のキリスト教文化圏がそれである。

　各文化圏は紀元前から交流・抗争を繰り返して、技術を進歩させ、文明を築いてきたが、7〜8世紀にも同様の事象が進展した。その契機は、中国とインドの間に関しては仏教の受容という平和的な局面においてであった。インドとイスラームの間、イスラームとヨーロッパの間では、イスラーム教の教勢の拡大に伴う戦争の局面においてであった。またイスラームと中国文化圏の接点は「西域」にあり、ここでも両陣営は、干戈も交えながら交流した。

ⅰ　7〜8世紀の日本と世界　　23

いまひとつの舞台は、シリア・パレスチナからアナトリアの地域であり、イベリア半島である。ここではキリスト教の勢力たる東ローマ帝国とフランク王国とが、イスラームの勢力と鎬(しのぎ)を削ることとなる。

　以上の流れを念頭に、次項では7〜8世紀に焦点を据え、この時期の日本社会の特質について、整理しておこう。

■ 日本史の動向

神々の争いと律令国家の成立

　7世紀、東アジアは激動の時代であった。長らく分立状態にあった中国では、6世紀末に隋が出現して統一し、律令制による国内統治に意を注ぎつつ、対外的には周辺諸国から朝貢による冊封(さくほう)政策を展開、東アジア世界の盟主を志向する。しかし、朝鮮半島の高句麗(こうくり)との戦争で失敗すると、隋の中国支配は動揺し、7世紀初頭に唐がかわった。朝鮮半島では高句麗・百済(くだら)・新羅(しらぎ)の三国鼎立(ていりつ)の状態から新羅が勢力を伸ばし、唐と連合して、統一国家を築く。日本も663年には百済復興のために白村江(はくそんこう)で唐・新羅と戦った。大局的には、7世紀初頭から大化改新を経て天智(てんじ)・天武(てんむ)朝に至る1世紀間の歴史は、隋・唐帝国の対外膨張への危機意識が中央集権国家の達成につながった。

　こうした東アジアの動乱は、日本に朝鮮諸国から渡来人を多数招来させ、これが律令国家建設に大きく寄与することにもなった。外的契機で形成された古代律令国家は、その早熟的な律令「文明」の受容に伴い、次のような特質を持っていた。

　その1つは、「国家」と「社会」の分裂であった。別の表現でいえば制度と実態の乖離(かいり)という問題である。つまり律令に基づく国家的制度という「文明」的要素と、在来の社会に固有の「文化」的要素が融合することなく、並存する状況を現出させた。

　仏教の受容をめぐり、「蕃神(ばんしん)」(＝文明的外来の仏教)と「国神(くにつかみ)」(＝文化

的在来の神祇）による「神々の争い」が表面化した。宗教面でのこうしたギャップは、政治・文化・社会のあらゆる場面に連動していた。ちなみに、この仏教に関していえば、「神々の争い」は最終的には「神仏の習合」という形で定着していく。

「神仏の習合」の現象は、文明的「仏」が、日本的・文化的「神」と「習合」することを指す。7～8世紀はまさに文明と文化の「習合」の時代といえる。密教が登場する9世紀以降は、習合を融合の次元まで高めることによって、神々の体系化が進展した時代だった。10世紀以降、顕著となる文化の国風化には、そのような背景があった。

また、律令国家は旧来の豪族的国造層を律令制の郡司に編成し、中央から派遣された律令的貴族（国司）が支配、中央集権化を実現しようとした。その点では、一般公民に対し国司制という律令的方向と、郡司制という非律令的要素が統合されたところに特色を持っていた。

つまり、律令国家は本来異なる2つの方向性を持った政治エネルギーを、一本化することで成立した。その意味では、国家の文明的＝律令的意志を体現する国司制と、非律令的世界を代表する郡司制の二重の構造を特色とした。

こうした国家と社会、中央と地方の分離（二重性）は、9世紀を通じて次第に埋められていく。国司制と郡司制の関係でいえば、国司（国衙）が郡司（郡衙）の地方社会での伝統的要素を吸収することで、地方支配の実現が本格的に達成される。10世紀に成立する王朝国家とは、その意味では中世国家の前提をなすとともに、日本的律令国家の完成という一面を持っていた。

中央と辺境

7～8世紀の国家のあり方を考える上で注目したいのは、国家の版図（領域）に関わる問題である。ここではそれを列島日本における空間構造という視点からながめておこう。

古代国家は、建前としての律令的原理を五畿七道＝66カ国に及ぼすことで成立し、行政区画は五畿内と外国により構成された。古代律令国家は畿内政権として出発する。古代国家は畿内を含めた西国諸地域を中軸として展開さ

れたところに特色を有した。大陸的文明の摂取度のモノサシからすれば、西高東低とも表現できる。整然たる太政官制に象徴される中国的官僚システムは、観念・制度のレベルからは統一的集権国家であったが、実態は律令的表皮に覆われた「トンネル」的国家だったとも指摘されている。とりわけ支配権力の空洞化は東国方面に顕著であった。

　以前に触れた「文明」と「文化」の二重性は、実は国家と社会の乖離という面のみではなく、中央と地方にも共通する。その意味では律令的な「文明」の理念を伝統的・基層的地方社会に統合させることにより、「トンネル」的古代国家の内実が形成される。政治権力の観点で見れば、畿内を中心に同心円的領域の拡大は、東国とりわけ関東を国家版図の射程に組み込み、その北方に位置した東北＝蝦夷（えみし）の地を制圧することで完了した。

　権力の浸透という場面でいえば、関東もまた東北と同様、中央からは準「辺境」とされた。『万葉集』防人歌（さきもりうた）に示されているように九州防備のための兵士徴発は、東国＝関東の農民たちに重くのしかかっていた。また、鈴鹿（すずか）（伊勢（いせ））・愛発（あらち）（越前（えちぜん））・不破（ふわ）（美濃（みの））の三関がいずれも東方に向けられていたことに象徴されるように、西国を基盤とした律令国家にとって、東国は「異域」として理解されていた。他方で、防人の供給源たる関東は、東北＝蝦夷地に対する軍事上の前線・兵站（へいたん）基地でもあった。8世紀の桓武（かんむ）天皇の蝦夷に対する征討政策は、こうした兵站基地としての関東の歴史的役割が最も鮮明に示されていた。

　「三十八年戦争」とも称される蝦夷地の征服は、古代律令国家が直面した本格的な軍事発動であった。宝亀（ほうき）年間（770～780年）での「俘囚（ふしゅう）」伊治呰（これはりのあざ）麻呂（まろ）の乱を契機に展開された、長期にわたる蝦夷戦は、律令国家の論理を押しつけられてきた「俘囚」の反抗だった。以後、一連の蝦夷反乱の鎮圧にあたっては、関東地域に兵士・兵船・軍糧の負担を強いる形で推移した。

　関東は東北との関係において中央からは広く辺境として位置づけられた。古代東国の歴史的性格はこの蝦夷問題を通じて形成された。だが、中央政府による武力弾圧路線は、結局は効果をあげえないまま、北上川以北を蝦夷の自治区として存続させ、平安後期には共存路線へと転換することになる。この間、蝦夷地域で蓄積されたエネルギーは11世紀に陸奥（むつ）に安倍氏を、出羽（でわ）に

清原氏を育み、前九年合戦、さらには後三年合戦を経て、奥州藤原氏を誕生させることになる。

このように、律令国家は蝦夷の地を完全な形で領域化できず、律令中央の「文明」と非律令的地方の「文化」の共存が形成された。

文明的律令の普遍性を関東・東北の辺境に及ぼすことで成立した古代は、東国の関東に中世を生み出すこととなった。鎌倉幕府に象徴される武家政権の樹立は、辺境の東国が自己を主張したことを意味した。蝦夷戦を通じて「武」への練度を高めた東国＝関東の時代は、12世紀末以降、本格的に展開する。

東北地方の城柵

世界史の動向

東部ユーラシア世界の諸相

東部ユーラシアの歴史は、主に中国地域に定住した漢人と周辺民族、特に草原地帯の騎馬遊牧民との接触・交流・抗争の中で展開した。中国史上初の統一国家となった秦、それを引き継いだ漢は、北方のモンゴル高原の匈奴と対立した。匈奴討伐の過程で、内陸アジアの情報が漢にもたらされて以降、いわゆるシルク＝ロードの東西交易が活発化することとなった。後漢の時代に、インドから仏教が伝わったのも、このシルク＝ロードを通じてである。

後漢の滅亡（220年）以降、中国は三国・南北朝の分裂の時代となった。この分裂の一因は五胡と呼ばれる中国の周辺民族が侵入したことであるが、これは地球規模での寒冷化に起因する民族移動であり、それはユーラシアの

西の、西ローマ帝国の滅亡にも連動するとみられている。

南北朝時代、華北では五胡が次々に王朝を建てたが、華北を統一した北魏以降は、6世紀末から7世紀初めに隋そして唐に引き継がれる。隋・唐王朝は北朝由来の均田制や府兵制を継承した。

隋では、初代文帝は中央集権化を進め、2代目煬帝は大運河を完成させて政治の中心地である華北と稲作の盛んな江南をつなぐことに成功した。人々の負担は大きく、高句麗遠征の失敗に起因した反乱が拡大して隋は滅び、その混乱を治めた唐が支配することとなった。唐では、2代目太宗の時代に支配は安定し、その治世は「貞観の治」と呼ばれたたえられた。また、太宗は、モンゴル高原の突厥(東突厥)を攻め滅ぼすなど、北方や西方の諸部族を帰順させた。

8世紀初めに即位した玄宗は、諸制度の改革を実施した。徴兵制から傭兵を用いた募兵制に変更し、辺境には節度使を設置して、防衛にあたらせた。しかし、この節度使を3カ所も兼任していた安禄山が、755年に安史の乱を起こした。安禄山はイラン系ソグド人と突厥人との間に生まれた非漢人で、彼が率いた反乱軍にも数多くの非漢人が含まれていた。この反乱は、唐の政治問題だけでなく、周辺諸民族の権力交代など、ユーラシアの国際情勢が絡んだものであった。反乱は、ウイグルの支援を得た朝廷軍によって鎮圧されたものの、安史の乱の後、節度使の自立傾向が強まり、唐朝は求心力を失った。9世紀半ばにはウイグル・吐蕃が、10世紀初頭には唐が内紛や反乱により滅亡し、東部ユーラシアは変動の時代に入ることとなる。

仏教文化圏の諸相

国際性の豊かさは唐代の特徴とされる。様々な人・モノ・情報が、ユーラシアの東西を行き交った。その主な担い手はソグド人であり、日本も唐に遣唐使を派遣して吸収した。また、中国から本場のインドへ仏法を求めて赴く僧侶も見られた。

なかでも『大唐西域記』を著した玄奘は有名である。玄奘が赴いた時期の北インドは、群雄割拠状態に終止符を打ち、ヴァルダナ朝をおこしたハルシ

ャ王の支配下にあった。

　ハルシャ王は、晩年は熱心な仏教徒になったという。しかし、当時のインドでは、仏教は大勢としては衰退の傾向にあり、インド社会に深く根ざしたヒンドゥー教の影響が大きかった。これに伴って、仏教文化の中心は、中国・新羅・日本や東南アジア諸国へと移っていった。

　一方、唐代には西方からキリスト教ネストリウス派（景教）、ゾロアスター教（祆教）、マニ教が伝えられ、特にマニ教はウイグルで盛んに信仰された。こうしたことは、この時期の東部ユーラシアの国際性を示すものである。

地中海沿岸域およびメソポタミアの再編

　この時期にはまた、地中海沿岸域から西アジアにかけての地域でも大きな動きがあった。その核となったのは、イスラーム教の勃興である。

　そもそもこの地域では、まず数千年前から各所で古代文明および国家が誕生していた。前1世紀後半以降は地中海沿岸域をローマが、東のメソポタミアを中心とした地域をパルティアとそれに続くササン朝が統合するという構図ができ上がっていた。ササン朝は、ローマに大規模な攻勢をかけ、7世紀にはシリアやエジプトをも一時的に支配するに至った。しかし最終的には、ローマ側の反攻を受け、国力の多くを注いで手に入れた占領地のすべてを放棄せざるを得なくなり、その求心力は大きく衰えた。

　またローマの方も、こうした東方からの圧力に加え、2世紀後半からは北側の長い国境線に絶えず様々な民族が押し寄せてきたため、その対処に多大な力を割かなければならなくなった。

　ローマは常態化した軍事的圧力に対応すべく、領域を分割してそれぞれが担当する地域の防衛・統治にあたる体制の構築を進めた。しかし、支配域各所で生じた住民たちの分裂もあって476年には、ついに地中海の西半分においてローマの名のもとでの統治が終焉を迎える（西ローマの滅亡）。6世紀には残る半分を維持していたいわゆる東ローマ（16世紀以降、ヨーロッパの人々を中心に、古代ローマとは異質の国家が形成されたと見るべきだろうという考え方が広まったことから、その中心都市の旧名にちなんで「ビザンツ

帝国」と呼ぶことも多い）による地中海再統合の試みもあったが、ササン朝からの攻勢への対応もあって、一時的な成功にとどまった。

　東西それぞれの勢力がこうした衝突や分断により疲弊する中で現れたのが、イスラーム教徒である。彼らはまず620年代初頭にアラビア半島で、交易と遊牧に長らく勤しみ自らをアラブ人と認識する人々を中心に、宗教指導者が政治・軍事の指導者をも兼ねる国家を打ち建てた。その後、東ローマ帝国に攻撃を仕掛けて、さらにササン朝をも攻め、7世紀中頃にはこれを滅ぼした。また並行して西方への進軍も続け、エジプト方面を占領し、661年には、ウマイヤ家が政権を独占する（ウマイヤ朝の成立）。征服活動はなおも続き、8世紀初頭には西はイベリア半島の大部分からアフリカ北部全域、東は中央アジア方面に至る広大な空間がその制圧下に置かれた。

　キリスト教を軸とする西ヨーロッパ、バルカン半島とアナトリア方面の（東）ローマ、そしてかつてのササン朝領すべてを征服したイスラーム勢力という、三者鼎立の構図となった。

イスラーム世界の始まり

　とはいえ、この段階ではまだイスラーム教徒が制圧した空間の多くは、実態としては、数の上で少数の征服者アラブ人が軍事占領しただけのものに過ぎなかった。イスラーム教の開祖ムハンマドは信徒の平等を説いた。被征服者も改宗すれば理屈上アラブ人と同等になるが、多くはむしろ「イスラームの寛容」の名の下に人頭税（ジズヤ）を支払い従来の信仰を維持した。

　ウマイヤ朝指導部は自分たちと同じアラブ人をなおも優遇したが、王朝成立のおりの指導部内の争いもあり政治は混迷した。そして最終的には8世紀中頃、ムハンマドの叔父の子孫であるアッバース家がウマイヤ朝に不満を持つ人々を糾合し、新体制を樹立した。

　この新しい指導部（アッバース朝）は、ウマイヤ朝を倒す際には協力関係にあったイスラーム教の少数派シーア派（ムハンマドの娘婿アリーの「党派（シーア）」を名乗りアリーの一族がイスラーム教の正統な指導者と主張していた）を政権樹立後は弾圧した。一方、アラブ人と非アラブ人の平等化を推

進した。このためウマイヤ朝までのイスラームの統治体制はアラブ帝国、そしてアッバース朝のそれはイスラーム帝国とも呼ばれる。そしてこうした体制の変更により、イスラーム教徒たちが制圧した空間はイスラームの教えを核とし、ひとまとまりの文化圏として定着していくようになる。実際、ウマイヤ朝の残存勢力がほどなくイベリア半島で後ウマイヤ朝を建てたほか、8世紀末までにアフリカ北西部でも事実上の独立政権が相次いで誕生し、イスラーム世界の政治的分裂も始まったが、アッバース朝が建設した首都バグダードを軸とした巨大な陸海の交易路（中国の絹や陶磁器、インドの絹織物や東南アジアの香辛料、ヨーロッパの毛皮や金属製品などが行き来した）は、イスラーム教徒が覇権を握る空間を広く包摂し、その富の増大に大きく寄与した。

2つのキリスト教世界の成立

　他方で、この時期にはローマが支配していた地域でも新たな文化的枠組みの形成が進んだ。かつての西ローマのうちでイスラーム教徒の手が届かなかった地域の多くを、7世紀初頭までに、フランク王国が統合した。

　同王国は、繰り返し分割相続とそれを再統一するための戦いが生じたため政情は総じて不安定だったが、時とともに宗教および統治体制の充実により強固なものとなっていった。8世紀中頃にメロヴィング家からカロリング家へと王権が移ったが、王国の領域や周辺地域との関係に大きな変化は生じなかった。

　このカロリング家の王カール大帝（フランス語読みだとシャルル1世やシャルルマーニュとなる）は、イスラーム教徒や他の周辺諸民族の地へと支配圏を広げる中、800年にかつての西ローマを復活させるという形でローマ教会から皇帝の地位を授与された。これにより彼は、ローマ教会の教えとその立場を至高のものと認める者たちの間で、そして理念上は全世界で、世俗の人間で最上位の者となった。そしてここに、いわゆるローマ＝カトリックの教えを価値観の基準とする人々が主流派となり、宗教や心の平安を聖職者が管理する一方、皇帝を頂点とする世俗の指導者たちが他の統治業務にあたる

という空間・秩序、つまりは1つの文化圏が西ヨーロッパに成立することとなった。

　また東ローマでも、これらと前後して自分たちの支配域やその周辺地域を新たな文化的まとまりとして再編する動きが進んだ。まずイスラーム勢力の拡大や北方諸民族の南下により多くの領土が失われ、また相次ぐ内乱・疫病によって人口が減少した（6世紀中頃には1900万～2600万人と推計される規模だったのが、8世紀後半には700万人ほどになっていた）ことで、国家としての規模が目に見えて縮小した。加えて8世紀初頭から政府主導で展開された聖像破壊運動は国内を二分する宗教・政治問題となった。さらに、この動きを否定的に捉えたローマ教会や西方の聖職者・信徒たちとの関係も悪化していった。

　他方で、寄進などにより肥大化が進んでいた修道院の財産を、反対運動を弾圧する中で当局が数多く没収したことで、国内の宗教勢力の弱体化と皇帝の権力基盤の強化が進んだ。これは、9世紀になってからの東ローマの勢力回復を支える基盤の1つとなった。

　加えて、620年に公用語がそれまでのラテン語からギリシア語へと変更されたことが象徴するように、住民の多くがギリシア人ないしギリシア語利用者であるという状態となった。このことは、住民の多様性の低下が進んだことを意味するが、それまでよりも利害や意見の調整を容易にもした。そして、これはやがて前述の9世紀に入ってからの東ローマの復興と連動して、帝都コンスタンティノープルの教会を基点に東ヨーロッパなどへと布教の輪を広げていくギリシア正教圏構築の土台となっていった。

東西の交流

　前述のイスラーム教徒の支配域の拡大は、それぞれに固有の伝統的な文化遺産がこれに取り込まれていくという流れを生み出した。そうした多様な要素はイスラーム教とアラビア語を軸に融合し、独自の文化圏を築いていった。

　さらに、ユーラシアの中央部を押さえたこともあって、イスラーム教徒は東西交流の重要なプレーヤーとしての役割をも果たすようになっていく。例

えば、彼らはインドから伝播した数字やゼロの概念をもとに（現代世界の多くでなお使用されている）アラビア数字を考案し、やがて広く共有されていく。またローマの旧領からは、プラトンの哲学やアリストテレスやエウクレイデスの自然科学のほか、ローマ法やキリスト教神学などがもたらされ、やはりイスラーム文化の糧となるだけでなく他の地域に影響を与えていった。インド・イラン、アラビア・ギリシアなどの説話が集大成された『アラビアン＝ナイト（千夜一夜物語）』も、こうしたイスラーム文化の「多国籍」性を物語っている。

ii 12〜13世紀の日本と世界

時代の扉

　世界史レベルからいえばこの時期にはいくつかの文化圏が誕生し、独自の社会と文化の形成が進められた時代であった。ユーラシア地域はこの12〜13世紀、宗教文化圏の相互の拡大の中で、「武力」が大きく浮上する。ヨーロッパ世界での十字軍はその象徴だった。

　そしてアジア世界にあってはモンゴル帝国の登場だった。圧倒的武力を有し、ユーラシア諸地域を席捲(せっけん)したそのエネルギーと日本も無縁ではなかった。この時期、鎌倉に武家政権が誕生し、中世的傾斜を深めていく。東アジア世界では、日本も含め「武人政権」の登場という流れが濃厚となり、それぞれの地域に対応する、「内向き」(閉の体系)の時代が現出する。

　それではユーラシア史全体をながめると、どのような整理が可能なのか。文明と文化のレベルから検討しておこう。

　7〜8世紀に成立をみた各地の宗教的文化圏は、その後相互に交流を重ねつつ影響を及ぼし合ってきた。やがてその領域を互いに侵犯するようになり、ここに文明の攪拌(かくはん)現象が見られるようになる。

　まず、東アジア・南東アジア世界で大きな変動が見られた。東部ユーラシア北方の騎馬遊牧民は、中国への侵入・略奪を繰り返してきたが、モンゴルは13世紀に、草原地帯から勢力を拡大してユーラシア大陸に君臨する大帝国となった。これによって東西交流は一段と促進され、各地の多彩な文物が交易されるようになった。

　イスラーム世界は11世紀中葉以降、東西に領域的膨張を再開するが、11世紀末以降は逆に西方からキリスト教徒による十字軍の侵略をこうむり、また国土回復運動(レコンキスタ)の結果、イベリア半島を失うことになる。

　ヨーロッパ世界は、11世紀以降の「農業革命」や都市の勃興を契機に成熟の時代を迎える。経済的進歩を背景として領主相互間の権力闘争が激化する。「神の平和」を実現せんとするキリスト教は、騎士・貴族の倫理感のバック

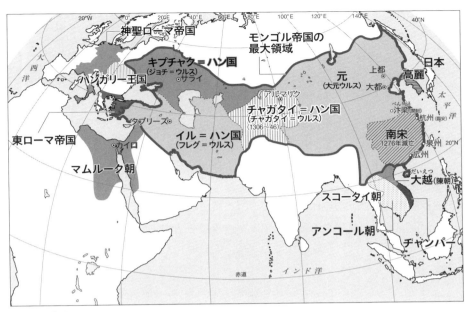

13世紀の世界

ボーンとなる。ヨーロッパ世界はキリスト教的一体感を共有する地域圏へと変わりつつあった。この一体感が、対外緊張を促していく大きな要因となる。

日本史の動向

平氏政権から鎌倉政権へ─「福原の夢」と「鎌倉の夢」─

　東アジア世界の政治的安定は、10世紀初頭をもって終わり、同地域は激動の時代を迎える。日本にあっては、この間に中世社会への原型が形成され、武士が政治権力の主役を担うようになり、武家政権が樹立される。中国大陸・朝鮮半島と比較して、同じ「士」でも、儒教の素養を拠り所とする中国の士大夫ではなく、軍事的な素養（武芸）を拠り所とする武士が政治・社会の中心となる時代の到来は、東アジアにおける日本的特色ともいえる。この

ii　12～13世紀の日本と世界　35

日本国内での武力のエネルギー（武威）は、13世紀に「元寇」という形でモンゴルの勢力と激突する。

　対外交渉面でいえば「閉の体系」に位置づけられるこの時期にあっても、現実には私的レベルでの交易は継承されていた。中世交易史の上で、「モノ」としての中国銭（宋銭・明銭）の流入と、「ヒト」としての禅僧の往来が、日本の社会に及ぼした影響は大きかった。特に禅僧は、日本人僧の渡航、中国人僧の渡来を介して、日本列島と中国大陸、あるいは朝鮮半島・琉球諸島も含めた環東シナ海地域の文化・経済交流の媒介となった。

　12世紀、平氏政権が日宋交易展開、瀬戸内海における大輪田泊（現、神戸港西部）の築港、福原への遷都といった事業は「福原の夢」ともいえ、壮大な海洋国家への構想も内包されていた。西国を基盤とした貿易・交易理念は、その後の室町時代・戦国時代における、東南アジアにまで及ぶ環シナ海交易圏の礎石ともなった。

　他方で東国を基盤とした関東の政権については、「鎌倉の夢」もあった。鎌倉幕府は平氏とは別に、奥州を通じた北方交易とのつながりも指摘できるという。奥州は産金の地であるとともに、北方交易ルートの拠点だった。蝦夷地との交易は、津軽方面の外ヶ浜から十三湊を含めて、中国東北地方や沿海州方面に及ぶ広大な北方交易圏を形成したと推測される。実際、アザラシやラッコといった海獣の毛皮だけではなく、中国産の織物（蝦夷錦）までもが蝦夷地経由で日本国内にもたらされた。これらの交易品は、戦国期まで津軽（本州）・渡島半島（北海道）に勢力を張った安藤（のちに安東）氏の関与もあったとされている。安藤氏は、鎌倉期に執権北条氏から「蝦夷管領」の職責を委任されていたとされ、海の武士団として活躍した。

日本国の危機—「武威」と「撫民」—

　13世紀の日本を震撼させた「蒼き狼」たちの末裔による侵攻は、「元寇」と呼称されている。7～8世紀の古代日本が「シルク＝ロード」に連動したとすれば、12～13世紀の中世日本は、ユーラシアにおける「草原の道」すなわち「ステップ＝ロード」につながった。

この「草原の道」では、13世紀初め頃からモンゴルの勢力が台頭し、日本はその武力と対峙することになる。その13世紀の日本が体験した未曾有の外圧は、以後の日本に直接・間接の影響を与えた。

　第1に外交レベルでの問題に限定すれば、摂関期以降の王朝国家段階から中世国家の段階にあって、日本は東アジア世界との公的交流を遮断しつつ、「閉の体系」の中で交易を発展させた。モンゴル国書による朝貢の強要が、武力の発動につながった。この出来事は、対外関係を交易（経済）に限定させる姿勢によって、かえって外交（政治）を求める異国との衝突が生じうるという危機感を、その後の支配層に醸成させた。15世紀の足利義満時代における公的な日明貿易体制に伴う積極的なアジア冊封体制への参与は、一面ではこれを語るものであった。あるいは、1590年代における豊臣政権の朝鮮出兵も、中国大陸からインド洋地域まで及ぶ汎東ユーラシア帝国を志向したものであり、危機感の凶暴きわまる発現であったといえよう。

　第2は武力・軍事力に関わる問題である。東西ユーラシアで数多の戦闘を勝ち抜いたモンゴル軍の武装・戦術は、迎撃した日本の武士たちに大きな衝撃を与え、南北朝期以降に集団戦が徹底されていくことになる。外交の危機が招来させた戦闘形態の変化であった。

　こうした武力に関わる問題とは別に、武家の政治権力の成熟は著しいものがあった。モンゴル襲来に先立って、鎌倉政権は東の統治権力として、「撫民」（民を愛育する）への意識を高めていた。13世紀半ばの「撫民」意識の向上は、未開の東国が古代以来の伝統を自負する西国の公家（朝廷）と並存しうる統治者として、自己を位置づける流れであった。

　13世紀半ばの日本は、「伝統」社会への転換期ともされている。農業民と非農業民との分業体系の変化、地縁的社会の進行、家父長制の確立、貨幣の社会内部への浸透などの諸現象が、いずれもこの13世紀半ば以降に本格化する。

世界史の動向

東部ユーラシア世界の諸相―「蒼き狼の時代」―

　唐の滅亡後、有力節度使が割拠し、わずか五十余年の間に、華北に5王朝、地方に約10カ国が興亡した五代十国の時代となった。
　この中国地域の割拠状態は宋の統一で終わる。宋は、武人の権限を削り、科挙（かきょ）で選抜した文人官僚が政治を行う文治主義によって統治した。その影響もあって、宋は緊張関係にあったキタイ（契丹（きったん））とは和議を結び、毎年多額の銀や絹を贈って和平を維持した。
　12世紀の初頭になると、ツングース系のジュシェン（女真（じょしん））がキタイから自立し、金を国号とした。このジュシェンは、1019年に日本の対馬（つしま）・壱岐（いき）などに侵入して略奪を繰り返したこと（刀伊の入寇（といのにゅうこう））で知られる。新興の金は、その優勢な軍事力を駆使してキタイを滅ぼし（1125年）、さらに宋の首都開封（かいほう）を占領して上皇・皇帝を拉致した。こうして金は中国東北地方と東モンゴルに加えて華北を支配することとなった。
　他方、宋の皇族の一部は江南に逃れ、臨安（りんあん）に拠って南宋を建てた。軍事的に弱体な南宋は、金との間に和約を結んだが、その内容は金に臣下の礼をとり、膨大な金品を贈るという屈辱的なものであった。それでも、この和平のおかげで、文化や技術などの様々な分野で著しい進展がみられた。
　例えば、儒教（儒学）ではその一派として、朝鮮や日本の思想界にも影響を与えた朱子学の誕生をみた。朱子学の祖の朱熹（しゅき）は「華夷（かい）」の区別を論じ、君臣・父子の身分関係を正す大義名分論を唱えた。上下関係の秩序を重んじる朱子学は、支配層のイデオロギーとなる。
　技術もまた時代の要請の中で進展した。宋と北方勢力との抗争は火薬の実用化を促し、海上貿易の進展は羅針盤の改良に直結した。もう1つ、世界史上の大発明とされる活版印刷術も、この時代の朱子学の発展と大いに関係がある。また、産業も製陶・製茶・絹織物業などが盛んに行われた。
　12世紀の初め、先に述べたようにキタイが金に滅ぼされ、モンゴル高原では遊牧勢力の再編が進む。13世紀の初頭、諸部族を編成して組織化したチン

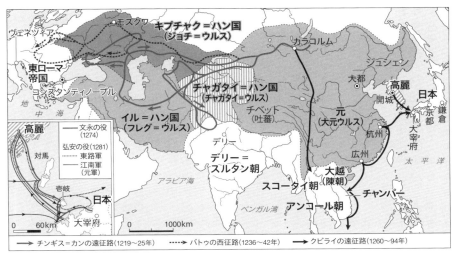

モンゴル帝国の最大領域

ギス=カン(ハン)は、まず東方の金を圧迫した後、西方のカラキタイ(西遼)、トルコ系イスラーム国家のホラズム=シャー朝、チベット系の西夏を滅ぼし、東西交易路を手中に入れた。

チンギスの死後、カアンと称して跡を継いだオゴデイは、1234年に金を滅ぼして華北を支配した。また、オゴデイはバトゥ(長兄ジョチの子)を司令官としてユーラシア西北部に遠征させ、ヴォルガ川下流のサライを都にキプチャク=ハン国(ジョチ=ウルス)を建てた。クビライの時代には、南宋を征服し、高麗を服属させ、日本にも2度にわたり大軍を送った(文永・弘安の役)。このような征服活動の結果、モンゴル帝国はユーラシア大陸の東西に史上空前の大帝国を形成することとなった。キプチャク=ハン国のほかに、西アジアにチャガタイ=ハン国(チャガタイ=ウルス)、中央アジアにイル=ハン国(フレグ=ウルス)が成立したが、これらのハン国は元(大元ウルス)のカアンを中心に連合していた。

このような広大なモンゴル世界の成立によって、ユーラシアの東西に自由な交通路が開かれ、駅伝制が整備されて交通運輸の便が著しく促進された。また、造船技術や航海術の向上によって海上交通も発達し、海陸あわせて流通経済の進展をみた。この「タタールの平和」(モンゴル人支配下での平和

ii 12〜13世紀の日本と世界 39

の意味)のもとで、東西ユーラシア大陸の文化交渉が盛んに行われた。元の都の大都には、ヨーロッパからマルコ゠ポーロらの商人、外交使節や布教のためにモンテ゠コルヴィノらの聖職者が来訪し、西アジアからはアラブ商人やイブン゠バットゥータなどの旅行家も訪れた。元朝治下の杭州は世界最大の商業都市として栄え、元朝が発行した紙幣の信用は絶大なものがあった。

　しかしながら、14世紀になると、ユーラシア全域で気候の寒冷化が始まり、干ばつ・飢饉が起こり、疫病が流行するなどして、モンゴル帝国は衰退・崩壊していくこととなった。中国でも元は明に敗れてモンゴル高原に退くこととなった。

イスラーム世界の変質

　イスラーム教徒支配域ではアッバース朝を中心に経済・文化の成長が続いた。

　しかし10世紀中頃、アッバース朝は内紛で弱体化し、その後トルコ系のセルジューク朝にかわった。アッバース朝から「世俗の支配者」を意味するスルタンの称号を授与されたセルジューク朝は11世紀後半に東ローマを破ってアナトリアの大部分を征服し、同地をイスラーム教の、そしてトルコ人の土

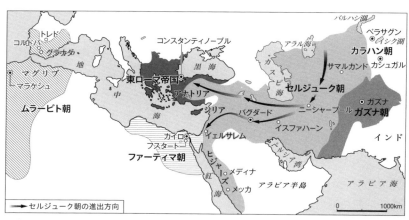

11世紀後半の西アジア・北アフリカ

40　第Ⅱ部　日本史・世界史の群像

地としていった。しかし、同世紀末には内紛と、さらにエジプトで成立したシーア派のファーティマ朝との争いや、両者の争奪の的だったイェルサレムの「奪回」を求めるキリスト教徒たちとの争いにより、急速に分裂・衰退していった。

西欧の膨張(1)―封建制と「神の平和」運動

　キリスト教を中心とする西ヨーロッパ地域では、8世紀頃より封建制（feudalism）の社会が築かれていく。これはかつての（西）ローマや、その領域に移り住むようになった外来の諸集団が有していた制度などが融合しつつ構築されたシステムで、土地を媒介に主従関係が重層的に構築されるという体制だった。

　この体制が構築された根本的な要因は、治安の悪化だった。衰退期に入ってからのローマ（特に西ローマ）やその跡地に割拠した諸王国は、相次ぐ外敵からの攻撃やその危険が存在する状況に、安定的に対処できるだけの人員・体制を欠いていた。そのため国王などの中央政府では、武力保持者をその地域の領主に任命する委任システムが定着した。領主の管理する地域の住民たちは彼らに労働奉仕をし、引き換えに安全を約束されるという体制が誕生する。

　各地域にあっては領主間のトラブルも頻発した。そうしたトラブルや紛争に際しての自力救済のための行動（一般にドイツ語のFehdeの名で呼ばれる）も、これに拍車をかけた。

　こうした中、10世紀後半頃に現フランス南部で始まり、その後、現ドイツやその周辺でも見られるようになったのが「神の平和」運動だった。これはカトリック教会が、主に領主たちに特定の期間中の戦闘や略奪などをやめるよう誓いを立てさせ、違反者は破門するというものである。つまりキリスト教信徒の列からの排除だった。キリスト教は中世西ヨーロッパでは社会規範や人々の精神的充足と深く絡み合っていた。この運動で自力救済が制約され、それに伴い、聖界のみならず世俗の領域でも教会の影響力が強まった。

西欧の膨張(2)―十字軍の始まり

　教会の権威は、十字軍の始まりによりさらに増大する。これは直接には、すでに触れたセルジューク朝の西進で力を弱めた東ローマがカトリック教会に支援を求めたことから始まった（1095年）。カトリック指導層はこれをローマ教会の権威向上の好機と捉えた。かくして、イスラーム勢力の支配下にある聖地イェルサレム（イスラーム教と、そしてまたユダヤ教の聖地でもある）を「取り戻す」ことを訴え、東方遠征へと動かすことに成功する。

　第1回十字軍は、セルジューク朝内部の対立にも助けられつつ、1099年にはイェルサレムを占領するに至った。

　この成功で教会の影響力は強まり、ローマ教皇の力は続く12〜13世紀には絶大なものとなる。しかし12世紀中頃よりイスラーム教徒側の反撃が強まり、十字軍それ自体の結束力の低下もあり、教皇および教会の権威の衰退が始まる。

　しかし、こうした対外遠征の盛り上がりは、ヨーロッパ社会の全体的な活性化につながった。農業面では、耕地の拡大、鉄製農具や重量有輪犂(ゆうりんすき)の普及、三圃制(さんぽせい)などの農耕法の改良などにより、11世紀頃から農業生産量と人口の増大が顕著になった。これは商業面にも連動、その拡大と活発化をもたらし、取引品物の増大につながった。こうした環境の変化と、また十字軍遠征による地中海沿岸域での交易と、また東欧・北欧の非キリスト教徒支配域への派兵や植民の動きと連動して、北海・バルト海沿岸域で遠隔地商業が盛んになっていった。

東ローマと東欧

　イスラーム教の勃興により繰り返し後退を強いられた東ローマは、国家の再建や防衛体制の再構築に励む一方、同国のキリスト教会（ギリシア正教）の指導者であるコンスタンティノープル総主教の主導で周辺地域への布教に力を入れた。そして特にバルカン半島や東欧に新たに進出してきたスラヴ系諸民族やトルコ系のブルガール人は、自分たちの国作りのため熱心にこれを

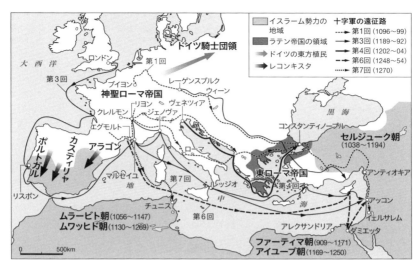

十字軍と西ヨーロッパ勢力の拡大

受容し、さらに彼らを経由して現在のウクライナやロシア西部にも正教や東ローマの文化が広まっていった。

　11世紀後半になると、セルジューク朝の攻撃などもあって、かねてより進んでいた地方分権的な動きが増大し、東ローマの国威は衰えていった。さらに1204年には第4回十字軍によりコンスタンティノープルが占領され、衰退に拍車をかけた。

　全体として、東方のキリスト教文化圏はその東部をイスラーム教徒台頭により失い、代わりに西のバルカン半島や北のウクライナ・ロシア方面に広がっていった。

iii 15〜16世紀の日本と世界

時代の扉

　世界史上での15〜16世紀は、「大航海時代」（近年ヨーロッパ中心の歴史観であるとして、この用語については検討されつつある）と呼ばれる文字通り「海」の時代である。日本の時代区分でいえば、戦国期を挟む中世末から近世初頭に至る時代だ。この段階の世界史的諸文明の趨勢は前代におけるモンゴルによる東西文明の接触を経て、「動」のヨーロッパと「静」のアジアという文明的構図を登場させた。西欧を中心としたヨーロッパ文明・文化圏にあっては、14世紀来のルネサンス的精神が西欧諸地域に拡散し、それぞれの地域で国民国家が形成し始める。

　この近代精神の発芽は、一方で宗教改革の気運を醸成させ、科学技術面での進歩とともに、新たな世界観を形成させた。精神面での世界観の転換は、新航路の「発見」へと連動し、「ヨーロッパ」の拡大として結果した。地中海世界の交易の中核イタリア諸都市の繁栄が、「ルネサンス時代」をもたらしたとすれば、この大航海時代の中心をなしたのは、この地中海世界の西に位置したイベリア半島のスペイン・ポルトガルであった。西欧諸地域に先んじて統一国家も形成したこの両国は、東方から伝来した羅針盤の導入をはじめとした遠洋航海術の発展を背景として、大洋へと乗り出すこととなる。その意味では15〜16世紀は「内海」としての「地中海世界」からの脱却がなされた。「海」（内海）から「洋」（外海）時代の到来を促した。

　世界の一体化は、こうした前史をもって到来する。ステップ＝ロード（草原の道）の覇者モンゴル帝国が、アジアとヨーロッパを「武力」のエネルギーをもって一体化させたとすれば、スペイン・ポルトガルは、シー＝ロード（海の道）から「宗教」と「交易」を通じて、その一体化を促進させた。アジアとアメリカという異文明との接触は、ヨーロッパの人々が抱いていた夢をアラブやイタリア商人を媒介とせず、直接的な形で現実のものとした。このヨーロッパ的エネルギーは「インド→東南アジア→中国」へと波及し、日

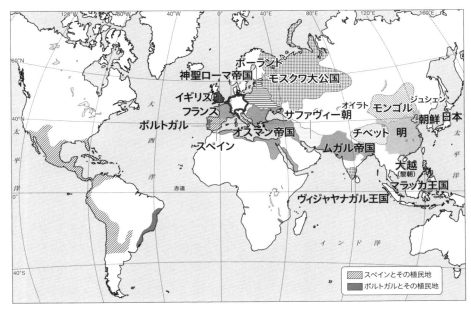

16世紀の世界

本へと押し寄せた。

　こうしてアジアとヨーロッパは「海」を介して一体化した。この時期、東アジア文明の中心は海禁を是とする明であった。モンゴル帝国を高原に追い、長江下流域での豊かな経済力を背景として国力を充実させた明は、鄭和(ていわ)による南海遠征を通じ、南海諸国に明への朝貢を促し、積極的外交を展開した。また、朝鮮・琉球・日本を冊封体制へと組み込む形で東アジア世界に新たな秩序を立てた。しかし国内的には北方民族の侵入と東南海岸での倭寇(わこう)の活動（北虜南倭(ほくりょなんわ)）により、国力を疲弊させ、16世紀後半には衰退が進む。

　この時期、日本は日明・日朝貿易を通じ、文明と文化の交流が国家レベルで点滅させた「開の体系」の時代を迎えていた。東アジアにおける環シナ海・環日本海交易圏の形成は、戦国時代の到来後も継続し、特色ある文化の形成を促した。

■ 日本史の動向

環日本海・環シナ海ルート

　「海の時代」とされる15～16世紀は、北と南の異域たる、「蝦夷地」と「琉球」が本格的に日本史の展開に組み込まれるようになってくる段階でもあった。ここでは15～16世紀における「海」を介しての空間的拡大のあり方を、1つは環日本海・北方（蝦夷地）交易ルートの問題を通じて、2つ目は東シナ海交易ルートの問題から、それぞれ述べておく。

　この時代、日本側の北方交易の主体は、安藤氏（中世後期は安東氏）に代わって、その後継者として松前藩の基礎を作った蠣崎（かきざき）氏であった。すでに触れたように、13世紀以降、安藤氏が十三湊を拠点に日本海～北方交易を担っていた。中世以来の環日本海交易圏は、その後、北方世界とリンクしていた。近世「鎖国」体制下での松前口が北前船の関連で北方世界と連動する前提には、「海の時代」における交易圏の拡大があった。

　ここで北方に対する国家版図＝領域の問題を、7～8世紀・12～13世紀段階との関連で、簡単に振り返っておこう。律令国家が有した政治面での著しい「西高東低」性は、古代国家が畿内政権として出発した権力構造に規定されていた。国家版図の拡大という点からいえば、辺境を異域として組み込みながら成立した。多賀城＝鎮守府（ちんじゅふ）に象徴される東北＝「化外（けがい）の民」への文化的・軍事的征服の方向は、「東北＝蝦夷の律令」国家による編入過程でもあった。

　しかし、この地方の相体的自立は、北上川以北に多くの諸勢力を形成させた。源頼朝による奥州合戦は、平泉に代表される奥州勢力を武力的に均一化し、「面」としての中世国家への編入を可能とさせた。ここに古代以来、東北の制圧で制度と実態の乖離が埋められ、空間構造での日本国の誕生に寄与した。

　こうした津軽「外ヶ浜」までを含む中世国家版図の画定は、他方で古代以来の蝦夷観念を変化させ、「海」を挟んだ北海道＝蝦夷地概念を成熟させた。その点で中世は蝦夷観念をさらに北方に追いやることで成立したとも考えら

れる。

　15〜16世紀のこの時代は、海を挟んで対峙する蝦夷地を交易圏として日本国に編入させた。

　環日本海交易圏との対比でいえば、南方の琉球は東シナ海と南シナ海を合わせた環シナ海交易圏との関連で捉えることができる。琉球の場合、15世紀に政治勢力（グスク）を統合した尚(しょう)氏による琉球王国が成立し、東シナ海を拠点とした中継交易による一大交易国家が形成した。明の海禁政策のもとで、琉球は中国商人も受け入れつつ、中国（明）と日本・朝鮮・東南アジア通商ルートを結びつける役割を与えられた。

奥州藤原氏の勢力圏

こうした東アジアにおける「貿易センター」たる立場は、琉球に巨利をもたらした。琉球の場合、他国より短い期間での朝貢を認められており、中国産物資を大量に輸入できる有利さも、中継貿易の展開に作用した。

　しかし、環東シナ海へのポルトガル商人の参入に伴う中継貿易の減少とあいまって、島津氏の琉球支配が強化され、近世には北の松前氏と対をなす形で琉球の日本社会への参入が実現されるに至る。15〜16世紀における「蝦夷」と「琉球」に対する交易を通じての接触は、日本人の視野を北方へと拡大させたと同時に、南方＝東南アジアへの進出を可能にさせた。とりわけ16〜17世紀に東南アジア方面に作られた日本町の存在は、「海の時代」における交易圏拡大の所産でもあった。

　以上の二大交易圏とこれに関わる「蝦夷」と「琉球」の周辺異域の問題を押さえた上で、日明・日朝貿易にも言及しておく。倭寇に代表される奇形的な対外関係は14世紀以来続いていたが、前代における民間レベルでの交渉を15世紀に室町政権は国家間交渉として吸収することとなる。足利義満時代に整えられた日明貿易のシステムは、日本国王（将軍）の明皇帝への朝貢という形式により進められた。それは明の冊封を受け入れるという従属的な形ではあるが、明から貿易を認められるための名義であった。日明貿易の場合、民間交易品は貢献物の付属品という名目で、官の監督下での交易が許された。

iii　15〜16世紀の日本と世界　47

日本側からの進貢物として金・硫黄などが持ち出され、明側の回賜物として絹織物・銅銭などがもたらされた。とりわけ、回賜物の銅銭をもって書籍・書画・陶磁器などの交易品が入手可能なこともあって、15世紀後半以降には幕府に代わり、大内氏・細川氏などの西国諸大名が博多・堺商人らとともに日明貿易に積極的に参加するに至った。

また朝鮮からは麻布・大蔵経・綿布がもたらされ、この時代の対外関係の広がりに多大の影響を与えた。とくに木綿は、その後の日本社会に与えた影響は絶大なものがあったといわれている。

「倭寇」と「黒船」

「蝦夷」と「琉球」という異域に加えて、16世紀には新しい異国が日本に登場する。南蛮＝ポルトガル・スペインである。室町時代の段階で、南蛮である東南アジアから来航する船は「黒船」と呼ばれていたが、同じ南蛮の「黒船」でも、16世紀以降のそれは構成員が大きく異なった。

もっとも、ポルトガル・スペインの「黒船」は、イベリア半島から外洋に出て、日本に直接やってきたわけではない。ポルトガルはインド洋から東進してマレー半島のマラッカと中国大陸のマカオを拠点化し、スペインは中南米から西進してフィリピン諸島のマニラを拠点化することで、日本列島を含む環シナ海の海上交易ルートに参入した。いずれの対日交易も、中国産の生糸や絹織物を日本の市場に供給し、日本の銀を中国の市場に供給するという中継ぎの形態であった。

従来、東アジアの交易秩序は、明の対外政策（海禁と朝貢の結合）に規定される一方で、「倭寇」に代表される私的貿易集団が活動していた。特に応仁の乱以降の動乱によって、戦国大名などの地域権力の自立性が高まると、各地域権力と結びついた私的民間交易も、明が室町幕府に求めた統制から逸脱して活性化に向かう。これは、中国大陸において、明による取り締まりの強化→「倭寇」活動の激化という作用（後期倭寇）も生じさせた。その結果、明は16世紀中頃から後半にかけて、対外政策の見直しを進め、外交を伴わない交易もある程度容認する互市体制によって、東アジアの交易ブームは一層

加熱していく。

　ポルトガル・スペインは、こうした交易ブームの中で対日交易を展開した。1543（天文12）年に鉄砲を種子島に伝えたポルトガル人が「倭寇」の首領として有名な王直の船で渡航してきたという事実は、「倭寇」と「南蛮」との関係を物語るものであった。

　さらに「南蛮」は、キリスト教という「異神」を出現させた。この不思議な「異神」が携えた文物は、多くの人々を魅了した。「物資」と「精神」、2つを満載した「黒船」の到来は、「倭寇」とはまた別の「富」の象徴として歓迎された。ビロード・ボタン・パン・カステラ・シャボン・カルタなどの品々からもわかるように、南蛮世界の広さと深さが理解できよう。

　しかし、一神教の論理は、多神教社会だった日本で、禁教という激烈な拒絶反応も引き起こした。キリシタン大名として知られる豊後大友氏の家中ですら、寺社を圧迫する布教姿勢の規制を求める声が上がっていた。戦国期の地域権力は、私的貿易の利益を重視する一方で、宗教勢力間の紛争を抑止する論理も内包しており、それが諸大名の連合体である近世統一政権による禁教と「鎖国」体制につながっていく。

　以上、「海の時代」が15～16世紀の社会にどのように作動したかを見てきたが、最終的に「鎖国」という「閉の大系」を生み出したのも、「黒船」が持ち込んだ「異神」であった。その「鎖国」は、19世紀に新たな「黒船」を迎えることで幕を閉じることになる。

世界史の動向

東部ユーラシアと明王朝

　14世紀後半以降、漢人王朝の明の第3代である永楽帝は、対外政策を積極的に行い、モンゴル高原に親征したほか、南方進出を図った。また、イスラーム教徒の宦官鄭和を、南シナ海・東南アジアからインド洋まで大艦隊で航海させ、明への朝貢を求めた。

ユーラシア全体に一大通商圏をなしたモンゴル帝国に対し、明は厳格な交易統制をとり、交易を求める諸外国に対しては、属国となって朝貢の義務を果たすことを要求した（海禁政策）。日本の室町将軍も、明から「日本国王」に冊封されることで、交易を認可された。しかし、朝貢の枠内に交易を限定する無理な政策は、国家の統制から外れた多民族集団たる倭寇による私貿易や略奪も引き起こした。一方、北方のモンゴル高原では、東西交易による利益をより多く得るために朝貢貿易の拡大を求めて15世紀半ばにはオイラトが、16世紀半ばには勢力を回復させたモンゴル（タタール〈韃靼〉）が繰り返し侵入し、首都の北京を包囲する事件も起きた。

　明はこうした「北虜南倭」に苦しみ、16世紀後半に海陸の交易統制を緩和した。これが「大航海時代」と重なり、陶磁器や生糸が盛んに海外に輸出され、明へは需要が高まっていた銀が日本や南米から大量に流入した。モンゴルとの抗争も、ある程度収束したが、遼東地域では、反明派モンゴルの侵入が続いており、ジュシェン（女真）の動向にも大小の影響を及ぼした。やがてジュシェンの中から、マンジュ（満洲）が台頭し、後金・清を成立させ、17世紀中頃までに中国大陸・内モンゴルを制し、さらに外モンゴル・チベット高原までを支配下に収めていく。

南アジアと東南アジアのイスラーム化

　現在のウズベキスタンに14世紀後半に帝国を興したティムールは、チンギス＝カン（ハン）の子孫を自称するとともに、チャガタイ＝ハン国、イル＝ハン国、キプチャク＝ハン国の統合を進めたが、数代で分裂・衰退していった。

　その後、ティムールの系譜からバーブルが現れ、優れた銃器・大砲を用い、16世紀前半に中央アジアからインドに進出して、ムガル帝国を建国した。「ムガル」も「モンゴル」の転訛であった。

　当初、ムガル帝国の支配領域は狭いものであったが、第3代アクバルはインドの大部分とアフガニスタンを含む、大領域国家を打ち立てた。また、ティムール朝はイスラーム王朝でもあり、その後継国家たるムガル帝国の興隆

は、インド亜大陸にも、イスラーム教の教線を広げていくことになった。

　東南アジア諸地域も、インド・ヒンドゥー文化の影響下にあったが、15世紀から16世紀にかけて、マラッカ（マレー）、パタニ（マレー）、アチェ（スマトラ）、マタラム（ジャワ）、バンテン（ジャワ）などのイスラーム王朝が成立していった。

　このように、インド文化圏からイスラーム文化圏へと変容しつつあった東南アジア地域では、活発な海洋交易が繰り広げられており、中国の華僑、日本や琉球の商人も頻繁に訪れて交易に従事した。

オスマン帝国の強盛と西アジア

　14世紀中頃からユーラシア西部では黒死病（ペスト）が流行し、これにより各地で人口の減少と、既存の勢力関係の激変が見られた。特に、首都カイロを中心に繁栄しモンゴルや十字軍の攻撃をはねのけイスラーム文化圏で最大の勢力となっていたマムルーク朝は、その中心であるエジプトがこの疫病により打撃を受け弱体化する。そしてこのような中、新たに存在感を増していったのがアナトリア西北部で勃興したオスマン帝国である。

　同帝国は14世紀後半にはバルカン半島にも勢力を広げ、そして15世紀初頭にティムールの攻撃を受けて一時的に衰えるが、ほどなく盛り返して1453年には東ローマを滅ぼす。さらに16世紀初頭にはシリアおよびエジプトに進出してマムルーク朝を倒し、またアラビア半島にも進んでイスラーム教の聖地だったメッカとメディナの保護者の地位を得た。

　その後、オスマン帝国は北アフリカの海賊を取り込み、地中海でも有利な立場を確保した。さらにスレイマン１世統治期の1529年には、ウィーンを包囲してキリスト教世界を脅かした。またバグダードやアデンなどの西アジアの重要地域も相次いで占領して、これにより地中海からインド洋に至る海域・陸上の幹線を押さえ、東西の中継貿易の管理者として経済面でも圧倒的な力を手にした。しかしこれはまた、１つの政権が抱えるには広すぎる支配地と、またあまりに幅広く信仰や価値観を異にする人間集団を抱え込むことにもなり、やがて各所の意見対立や、独自の国家を建設しようという声の高

まりに悩まされるようになっていく。

ヨーロッパ社会の再編

　イスラーム諸国を襲った黒死病は、ほどなくヨーロッパでも流行した。そしてやはり各所で生じた人口減少は、従来の秩序を大きく揺るがした。まず、主たる生産の担い手である農民が激減したことで、為政者たちは彼らの処遇の改善を進めることを迫られた。生産者の減少は深刻な人手不足を各地で生じさせたので、それまでよりもよい待遇を用意しなければ、残っている労働者までもが去ってしまうようになったからである。

　また人口減少やそれを受けての労働者の処遇改善は、為政者たちに新たな収入を得るための模索を促した。例えば、十字軍遠征を機に交流が増えた、東方との交易の活発化が進んだ。北方より集まった兵士たちは北イタリアのヴェネツィアやジェノヴァから出港することが多かったため、それに連動してこれらの都市は十字軍の保護を受けながらの交易や海外基地の確保ができたからである。さらにこうして買いつけられた東方の産品（胡椒をはじめとした香辛料が代表的）は少なからず北イタリアからアルプス以北にも陸路で運ばれ、そしてそれに連動して北海・バルト海周辺で扱われていた産品が南方にもたらされるという流れを生み出したので、フランスやドイツなどでも交易・交通が活発化し、またそこにある都市の成長を促していった。

　加えて、東方との交易はイスラームの文化・知識をもたらし、そしてまたヨーロッパにはあまり伝存していなかった古代ギリシア・ローマのそれをも西側にもたらすことにもなった。これにより、近代へとつながる文芸・科学・思想上の新しい動きがまず14世紀から15世紀のイタリアで、次いで15世紀から16世紀には西欧の他の地域でも広がっていく。なおこうした動きは古典古代の再生という意味合いからルネサンスと呼ばれているが、この歴史用語自体は19世紀から用いられるようになった。

西欧勢力の海洋進出

　こうした新しい文化的動きや、香辛料などの東方の産品の取引拡大は、いわゆる「大航海時代」のきっかけにもなった。イベリア半島でイスラーム勢力と戦い続けていたポルトガルおよびスペインは、イスラーム教徒の支配域を経ることのない新航路の開拓に力を入れ始めた。そしてこの中でアフリカの南側の沿岸地域やインド、さらに南北アメリカ大陸へのルートが確立される。これを見てフランスやイングランド（のちのイギリス）、ネーデルラント（同オランダ）などもまた、その動きに追随することになった。

　また中南米では、ヨーロッパからもたらされた様々な感染症により先住民の数が激減したことと、銀山の発見があったことで、16世紀に入ってからスペインによる大規模な植民地化が進められた。そしてこのアメリカ大陸で採掘された大量の銀は、当時スペインを統治していたハプスブルク家が各所で取り組んだ対外戦争での戦費の支払いという形で、ヨーロッパ各地に流れていった。このため、市場には従来をはるかに上回る金属貨幣が出回ることとなり、西欧各国における物価の上昇要因となった。

　こうした海洋進出により西欧各国は、激しい競争を相互に繰り広げながらも資源や植民地を集積していき、世界に覇を唱えるようになっていった。

キリスト教世界における宗教改革とその影響

　西欧に関しもう１つ重要なのは、カトリック教会改革の動きと、それに連動した近代国家理念の広まりである。ヨーロッパでは皇帝が世俗の指導者として、ローマ教皇を聖界の頂点とする秩序が形作られていた。時代によりこの２者の力関係は変動したが、理念としては、皇帝および教皇は、各領主・都市の支配域の枠や地域的な文化の差異を超えた普遍的な価値・倫理の体現者・決定者としての立場を維持していた。

　ところが16世紀に入ると、こうした教皇の立場を疑問視する声が高まる。これは直接には、過去数世紀に幾度も生じた、教会や聖職者の腐敗を正そうという動きに端を発するものだった。加えて、キリスト教的価値観の体系に

おいては、教皇と強く結びついている皇帝の指導力を削ぎたい世俗の指導者たち（例えば、ザクセン選帝侯が有名）も多かった。この宗教改革を求める人々（プロテスタント）の動きは、各所での地域勢力と結合し、教皇および皇帝の立場を否定する動きへと広がっていった。

　そして、そうした動きは、主権国家の誕生につながっていった。さらにそれは、建前上は相互に対等である主権国家同士の関係を規定するルール、つまり国際法の形成の契機となっていった。

iv 19〜20世紀の日本と世界

時代の扉

　19〜20世紀は、世界史的なタイムスパンから見れば、「理性と革命」の世紀たる18世紀を母体とした時代だった。帝国主義の時代はヨーロッパが「近代」を確立するために費やしたエネルギーをアジアへと向けた段階とされる。15〜16世紀におけるヨーロッパとアジアの接触は、「点」としてのそれであった。19世紀のヨーロッパは文明を「面」として押しつけることによって、その力を誇示してきた。その結果がアヘン戦争であった。

　だが、19〜20世紀は、もう1つの勢力であるアメリカが台頭する時代だった。「新世界」アメリカは、18世紀の独立を通じ新国家として、ヨーロッパ的文明練度を急速に達成した。19世紀前半には太平洋のカリフォルニアへと勢力を伸ばし、遂には太平洋を越え、東アジアに姿を現した。

　江戸期の幕藩制国家は「閉の体系」下にあったが、海に向けられた「四つの口」を通じ、断続的に文明の光は流入されていた。しかし、19世紀後半の西洋のエネルギーは、質・量ともにこれを圧倒することになった。開国前の近世社会は、文化面においては、前期の元禄、後期の文化・文政の両段階を経て一層の成熟度を加えていた。幕藩制下の全国的市場経済圏の確立は、町人・庶民を文化の創造主体へ成長させた。鎖国体制下の対外的緊張の欠如は、体制内でのエネルギーを内部に発酵させることになった。

　日本は19世紀後半、その蓄積された内的ポテンシャルで西洋の「文明」に対応し、本格的に受け入れる。開国とそれに続く幕末の動乱は、「欧米」を受容することによって生じた政治的・軍事的摩擦の表れでもあった。この「摩擦」は多くの「血」を必要とし、これによって近代国家は成立する。維新後の近代明治国家はこの「血」を流出し続ける中で、列強諸国への参入を果たすことになる。

　19世紀末の大日本帝国憲法（明治憲法）の制定は、「文明開化」をスロー

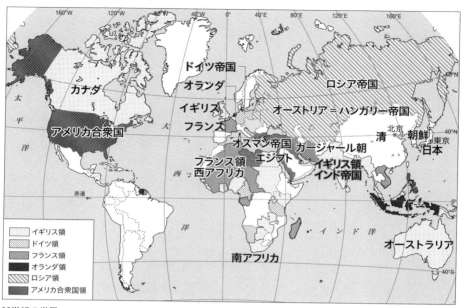

19世紀の世界

ガンに殖産興業と富国強兵を推進した結果だった。それを通じて、新たな国民国家がスタートする。開国以後の「欧米」の波は、およそ30年をかけて、東アジアの日本に近代国家の骨格を形成させたのである。ヨーロッパが持ち込んだ民主主義と資本主義という近代の２つの原理は、前者については最終的に大正デモクラシーとして結実するし、後者については日清・日露両戦争前後の第１次・第２次産業革命で達成されることとなる（なおこの「資本主義」という用語は、この経済体制を否定的に捉える側からの呼称で、肯定的な立場の者は「自由経済」や「自由主義」と呼ぶ）。

世界史に目を転ずれば、西欧では市民階級の成長に伴い、人権思想や民主主義思想が流布する。絶対主義の政治体制は、徐々に立憲君主政体ないしは共和政体へと推移する。主権は君主から国民の手に移り、国民は、漸次政治参加の機会を与えられ、選挙や政党を通じて議会への参加が可能になっていく。

こうした権利の獲得とともに、国民は兵役や納税という国家的義務を負担

するようにもなる。議会制度と民主主義の原理は、ヨーロッパの優れた制度として、日本も含む非ヨーロッパ世界に持ち込まれ、あるいは積極的に模倣されていく。

18世紀後半から第一次世界大戦に至る時期は、ヨーロッパ諸勢力の「対外膨張の時代」であったといえる。その結果、ヨーロッパによる世界支配が完成をみるが、それと対峙する非ヨーロッパ世界の動向も注目される。

日本史の動向

国民国家と「大日本帝国」の形成

江戸幕府は19世紀前半から欧米の強大化を少しずつ認識しつつあったが、現状の体制を大筋で維持できると考えていた。しかし、危機感を覚える知識人も現れ、日本を天皇中心の「神国」と規定し、団結して外敵に対峙することを説く尊王思想が台頭してくる。

ペリー来航を１つの契機として、1850年代に「鎖国」が崩れ、日本は欧米主導の国際秩序に巻き込まれていく。危機感の強まりの中で、幕末の動乱が進行する。これは、「開国」と「攘夷」という構図で説明されることも多い。しかし、攘夷論も単純に「鎖国」回帰を求めていたわけではない。積極的な対外進出も志向しており、その将来構想を開国論も共有していた。最終的には大きな共通項である尊王思想によって、幕府と諸藩を解消した中央集権体制を築き、近代化で欧米に対峙する方向性が模索される。

次の課題は欧米との対峙だった。急速な国力および軍事力発展のため、当面、薩長主導の「有司専制」によって、近代化路線（文明開化・富国強兵）の展開がなされた。同時に「国民」の創出も進行した。その「国民」に明治維新の原則である「万機公論」を説き、「有司専制」の是正を図ったのが自由民権運動である。政府も単なる専制ではなく、明治中期から漸進的に議会開設を進め、自由民権運動を力で押さえながらも、帝国憲法発布・帝国議会開設を迎えた。

ただし、急速な近代化の過程で社会に生じる歪みも拡大した。これの是正をめざす民権派とさらなる富国強兵をめざす政府の対立は続いた。

　19世紀末、朝鮮半島に対する主導権争いから日清戦争（1894〜95年）が勃発し、日本が勝利した。薩長藩閥政府の文明開化・富国強兵路線が一定の成果をあげたことで、民権派と藩閥は次第に協調路線をとるようになった。1900年の立憲政友会創立はその表れである。

　日清戦争の後、朝鮮半島（および遼東半島から南満洲）をめぐる競合相手として、より強大なロシアが登場した。日露戦争（1904〜05年）は、軍事的には日本が優勢となったが、国力的には英米金融界の財政的支援で何とか保っているに過ぎず、アメリカの調停で戦争を終結させた。そのため、賠償金が取れず、暴動が起きた。遼東半島・南満洲の権益を入手、南樺太の割譲、朝鮮半島の勢力圏化（保護国化→併合）で、近代化はさらに促進された。

　なお、遼東半島と南満洲は、漢人・モンゴル人・満洲人・朝鮮人が複雑に交差する空間であり、16世紀後半から17世紀中頃にかけて、清朝成立の揺籃の地となった。この地域にさらに日本が進出したことは、中華人民共和国の成立に至る展開に大小の影響を及ぼしていく。

国際協調路線と民主化

　日露戦争の前後に進展した都市化・工業化・大衆社会化は、民衆の力が無視できなくなってきたことも示していた。特に戦後は、社会格差の拡大や増税による反発も強まり、1913年の大正政変（第1次護憲運動）は社会や政界を揺るがした。しかし、なおも藩閥と政党の協調は継続し、根本的な解決策として政党内閣や普通選挙制や女性参政権の実現などが次第に叫ばれるようになった。

　1914年、第一次世界大戦が勃発した。日本は連合国側（英米側）に立ち、勝利し、パリ講和会議に臨み、南洋諸島などドイツのアジア権益を得た。1920年発足の国際連盟では常任理事国となり、国際的な地位を確立した。さらに1921〜22年のワシントン会議では、海軍軍縮条約やアジアに関するいくつかの多国間条約を結び、国際協調・軍縮路線が確立した。その一方で、大

戦の最中に中国に提示した二十一カ条の要求は、欧米の対日不信感と以後の日中対立の遠因となった。

　大戦景気を経て、都市化や社会の大衆化はさらに進行し、やがて政友会・民政党の二大政党による政党内閣が成立する。政党内閣は基本的に英米協調・軍縮路線をとり、国民生活の向上をめざした。一方で、ロシア革命の影響による社会の急激な変化を嫌って普通選挙導入には慎重であった。また、戦後不況への対応も充分とはいえなかった。それでも、1920年代中頃には、関東大震災・日ソ基本条約などを経て、普通選挙・政党内閣が必要だという認識が広まった。その結果、治安維持法と抱き合わせの形ながら、普通選挙制度が定められ、民主化は1つの到達点に達した。

国際社会に対する挑戦と大衆化

　1920年代後半に相次いだ恐慌・不況は、中国との対立もあって、政党内閣への不信感を生じさせた。

　日本陸軍の満洲出先機関である関東軍参謀が起こした張作霖爆殺事件（1928年）を経て、1931年には関東軍による謀略で満洲事変が起きた。翌年には関東軍主導で日本の傀儡国家・満洲国が作られた。満洲は現地住民の抗日活動に悩まされながらも日本の勢力圏となった。政府・世論までもがこれを追認した。その後、リットン調査団による国際連盟の満洲の中立地帯化勧告を拒否、1933年に連盟脱退に踏み切った。

　満洲問題が進行する最中、1932年の五・一五事件で犬養毅首相が暗殺され、政党内閣は途絶した。それでも、円安と軍拡を含む工業化推進政策によって世界でもいち早く世界恐慌による不況から脱し始め、映画や流行歌などの大衆文化が急速に発達した。

　一方で、農村の不況は回復せず、都市と農村の歪みが激しくなり、左翼運動も盛んとなった。こうした社会の歪みが国軍の団結力の障害となると考えた陸軍青年将校は、1936年に二・二六事件と呼ばれるクーデタを起こした。失敗に終わったとはいえ、以後の政局では、革新右派の軍人・官僚などが勢力を伸張させていく。

iv　19〜20世紀の日本と世界

さらに1937年以降、満洲事変後の内モンゴル・華北をめぐる緊張を背景として、日中の偶発的衝突が本格的戦争に発展した。日本は短期間で中国の蔣介石（かいせき）政権を降伏させようとしたが、英米など国際社会の大勢は、日本の行動を侵略と見なして中国を支援した。そのため、戦争は長引き、日本は大軍を中国大陸から撤収できなくなった。

　もっとも、日本国内では、戦争遂行のために経済統制が本格化する一方で、軍需景気によって、都市部で大衆文化がさらに展開した。政府も言論・思想・文化の統制を次第に強めて、国民に不利な状況を知らせずに、戦争協力の気運を高めることに努めた。

「大日本帝国」の崩壊

　1939年にヨーロッパで第二次世界大戦が始まった。ドイツの快進撃の影響を受け、日本は戦時体制をさらに強化した。軍事力で中国に対抗するため、陸軍や一部の政治家・官僚は、ナチ党に範をとった全体主義の政治体制の確立を主張し始めた。1940年には、大政翼賛会（たいせいよくさんかい）が組織され、翌年に政府の戦争遂行に協力する外郭団体に位置づけられた。

　外交政策においても、中国を支援する米英ソを牽制する目的で、日独伊三国同盟の締結に至った。これは、第一次世界大戦後の米英主導の国際秩序への挑戦であった。それだけにアメリカの反発も強く、対日経済制裁が本格化した。そして、閉塞する情勢を打開すべく日本は、1941年12月に対米開戦を選択、さらに東南アジアに広がるヨーロッパ諸国の植民地の接収に乗り出した。皮肉にも、幕末の開国論・攘夷論が見据えていた将来像の具現化だった。

　当初、戦局は日本優勢だったが、次第に劣勢に陥り、1944年から、中国大陸奥地やサイパン島の飛行場に配備された大型爆撃機B29による日本本土空襲が始まった。1945年8月の広島・長崎への原爆投下、ソ連参戦により人々の多くが戦意を喪失、戦争終結の詔書が天皇の声でラジオ放送され、9月2日に降伏文書に調印して敗戦となった。

　停戦・降伏の後も、満洲・朝鮮・樺太では、ソ連軍の侵入などにより、取り残された多くの日本の人々も悲惨な運命を辿（たど）ることになった。この戦争に

よる犠牲者は日本人だけでも軍民合わせて300万人以上、東アジアからインド・太平洋に及んだ戦域全体では1000万人に上る可能性が指摘されている。

また、日本の勢力が大陸から後退すると、中国では内戦が再開し、共産党は旧満洲国の重工業・地下資源を確保したことを転換点として優位に立ち、1949年に中華人民共和国を成立させた。朝鮮半島も独立を回復しつつ、アメリカに支援される大韓民国、ソ連・共産中国に支援される朝鮮民主主義人民共和国（北朝鮮）に分立していく。

戦後の日本

アメリカ合衆国を中心とする連合国は、日本を占領すると、戦時中の統制法規や軍隊を廃止させ、軍国主義者の公職追放、政党内閣の実現や婦人参政権の実現など、いわゆる民主化を推進した。1946年4月には日本初の完全な普通選挙が行われ、議会では日本の知識人たちが作成した「憲法草案要綱」をもとに（ただし、この「要綱」は交戦権の放棄を謳ってはいない）占領軍が作った憲法改正案（こちらでは、その作成の初期段階から、交戦権の否定が国家元首としての天皇の存続と抱き合わせで明示されている）が審議された。その後、1946年11月に公布、1947年5月に施行された日本国憲法では、国民主権を大原則とし、基本的人権が保障され、議院内閣制がとられ、自衛力を除き軍隊は持たないとされた。ただし、社会の安定維持のため、天皇制は「象徴」として維持された。

第二次世界大戦後、自由主義陣営（西側）と共産主義陣営（東側）のいわゆる東西冷戦が始まる中で、占領軍の中心であるアメリカと日本指導層は、日本を西側陣営で復興させる方針を固めた。1950年からの朝鮮戦争による軍需景気もあり、次第に経済復興が進み、1952年にはサンフランシスコ講和条約と日米安全保障条約により、日本はアメリカとの強い関係の中で独立を回復し、自衛力も漸進的に整えていった。西側、東側どちらの陣営につくべきかについて、日本の知識層や政界では様々な議論があった。1960年の安保改定問題（60年安保問題）を機に西側陣営に属していくことが決定的となり、自由民主党の長期政権の時代となった。その一方で、国民の中には、東側陣

営（共産主義）を支持する動向もあり、社会党が長らく野党第一党の立場を担った。

　日本は冷戦構造における立ち位置を探る中で、内需の伸びによる高度経済成長を迎え、さらには東南アジアへの経済協力やアメリカへの輸出増により、いつしか世界第2位の経済大国と呼ばれるほどになった。また、1960年代中頃から大韓民国、1970年代前半から中華人民共和国と国交や経済・文化交流を深め、軽軍備による安定成長を可能とする環境を確保した。

　こうした経済水準の向上に科学技術の進展が加わり、人々の価値観は多様化し、1990年代前半に自民党の長期政権は一時的に途切れたが、東側陣営の解体に前後して、社会党も凋落し、現在、野党は多極化している。

　東西冷戦の終結によって安定するかと思われた国際情勢が、経済不況やナショナリズムの昂揚、アメリカ一強の動揺、中国の台頭など、様々な要因で不安定化する中、日本はどのように世界と共存し、多様な暮らし方を認める社会にしていくのかが問われている。

世界史の動向

近代に向かう欧州諸国

　16世紀から18世紀のヨーロッパに関しては、集権体制の構築が大きなポイントといえる。絶対王政の時代という表現が用いられることもある。絶対王政とは、国王権力が台頭してきた商工業者の支持を受けて強大化し、各地の領主たちを押さえながら、国民を直接支配するに至る政治体制をいう。ただこの時代は、中世的な旧体制が広く存続している一方、新しい近代世界の萌芽がその内に胚胎しているという過渡的な時代で、また地域による差異も非常に大きかった。

　具体的には、スペイン・オランダ・イングランド・フランスでは、国家体制と海外植民地の支配体制が早期に確立した。まずスペインは、ネーデルラント・中南米を支配し富強を誇った。しかし、ネーデルラント（なお、同地

域が独立戦争を展開した際の中心となったのがアムステルダムなどを有するホラント州で、この名が宣教師を通して戦国時代の日本に伝えられたことが、現在の日本でネーデルラントがオランダと呼ばれる要因となったとみられている）のスペインからの独立で没落に向かった。そのオランダは、16世紀の後半からスペインの海外勢力範囲に食い込み、カリブ海・インドネシア・モルッカ諸島に植民地を切り開いた。

他方イングランドでは、エリザベス1世のもとで毛織物工業が発展した。16世紀の末以降、ライバルのスペイン・オランダを撃破して海外市場の開拓を進め、植民地帝国建設の地歩を固めた。フランスは、ルイ13世・14世の時代に、地方貴族や都市の力を抑制し、集権的な官僚体制の確立と強大な陸軍の創出、輸出産業の保護育成に努めた。

これに対し、現在のドイツに当たる地域の多くはローマ皇帝が直接指揮するいわゆる神聖ローマ帝国の領域だった。皇帝は集権化を志向したが、各地の領主は主権を求めてこれに抗し、17世紀前半の三十年戦争は、皇帝を中心とした統合の動きを完全に頓挫させた。ただ、神聖ローマ帝国の遺産を部分的に継承したオーストリアやプロイセンでは、18世紀になってから集権的な体制と強力な軍の整備が進んでいった。

ロシアでは、17世紀の末に集権化を進めるピョートル1世が、黒海からカスピ海・北太平洋への進出を図った。貿易振興に不可欠なバルト海への出口を求めてスウェーデンと北方戦争（1700～21）を戦い、これに勝利した。その後のエカチェリーナ2世はピョートル1世の政策を継承し、オスマン帝国と戦争してクリミア半島などを奪い、東ではアラスカ・千島方面に進出し、日本にも通商を求めた。

なおプロイセン・オーストリア・ロシアは集権化や産業の育成が相対的に遅れたため、国力強化のための資金として農産物輸出による外貨に頼る傾向が強かった。そうした事情から、伝統的な農業社会に依拠した形で、「上から」の近代化・殖産興業政策が進められた。また国際法の概念の共有が進みつつも国家間の紛争も絶えることがなかったため、いずれの国も並行して軍事大国への道を歩んだ。18世紀末に強行されたこの3国によるポーランド分割も、こうした流れの一環だった。そして同様の流れがほどなくアジアでも

顕在化していき、日本もそのような潮流の中でこの後発型の近代化を強いられていく。

革命と立憲政治

　イングランドはスコットランド・ウェールズ・(北) アイルランドとの統合を進める中で連合王国を形成し、これにより現代日本人が「イギリス」と呼ぶ国の国土ができ上がった。そして同国では17世紀にピューリタン革命と名誉革命と呼ばれる2度の革命が起こり、議会が国政の中心となることを原則とする立憲君主政が成立する。この中で政党や責任内閣制に立脚した近代的議会政治が誕生した。他方で、新体制もまた商業や交易の振興に努め、この流れの中で産業革命が他に先駆けて生じた結果、自由な取引・経済的競争を重んじる資本主義経済体制が確立するとともに、企業家たちの経済的・政治的発言力が強まっていった。

　イギリスの植民地であったアメリカの独立戦争も、王や貴族、そして身分制を否定する社会を志向したという点から、近年においては革命として捉えられることが多い。またアメリカ独立後に起こったフランス革命でも、領主特権の廃棄・王政の廃止を通して共和政が宣言された。ただその後、中世的身分制度の付随物と判断されたものを廃棄する中で繰り返し血の粛清が生じた。このため、クーデタにより成立したナポレオン率いる統領政府は革命の終結を宣言し、その上で1804年に「ナポレオン法典」を発布して、基本的人権と財産所有権の不可侵性を軸とした社会の創造をめざす道を開いた。ただナポレオンはそれからヨーロッパ各地で征服戦争を展開し、多くの犠牲者を内外で出した。もっとも、この事業により各地で封建領主体制が倒れ、個人の自由・平等と立憲主義の理念が広まった。また外

イギリス

64　第II部　日本史・世界史の群像

敵との戦いの中でフランスという民族的自覚や愛国心も高揚していった。なお1815年にナポレオンは没落するが、フランスの人々は彼の栄光や革命の記憶を軸に国民意識を強め、しばしば君主政の復活を見つつも近代的な共和政を再構築していった。

産業革命と欧米社会

前述のように産業革命はイギリスで最初に起こったものであった。同国の強大化を見て他の欧州諸国や新興のアメリカでも、これに追随する動きが生じた。そしてこの革命は複数の生産技術の革新を経て、綿工業の生産性の向上、蒸気機関の発明・改良、大量生産体制の構築、鉄道などの交通網の拡充をもたらす。そしてそれは、経済・社会の仕組みや人々の生活をも変えていった。

大量生産は個々の品々の購入を容易にし、また消費に伴うライフスタイルの変化をもたらした。また交通機関の能力向上は地方から都市部への出稼ぎや移住を容易にした。さらに戦時における大量の兵士の動員を可能にし戦争の大規模化を促した。

他方で、生産・輸送能力の高まりは人口を押し上げる要素にもなった。工場を稼働させる人員も労働市場に大量に供給されるようになっていった。これは企業の経営者たちにとっては安価に労働力を確保できることを意味し、また労働者の就労条件・環境の整備を遅らせる要因になった。ただ19世紀中頃から労働者たちも待遇改善を求める運動を展開した。そして彼らや、彼らの動きに共鳴する知識人たちは、こうした経済体制のメカニズムを資本主義と呼び、その負の側面を一新することを志向する社会主義および共産主義の思想・運動を展開していった。

アジアの情勢とヨーロッパ列強

18世紀後半に始まった産業革命の結果、近代資本主義体制を整えたヨーロッパ諸国は、19〜20世紀にかけて工業製品の販売市場と原材料の入手を求め

てアジアに軍事・経済の両面で侵攻を始めた。その先頭に立ったのはイギリスだった。インドでフランスの勢力を駆逐して植民地経営に乗り出し、1830年代までに東インド会社を使って主要地域を支配下に置いた。その後、各地に反英独立闘争が展開されるようになったが、イギリスはこの反乱を鎮圧する過程でムガル帝国を滅ぼし、さらに1877年、ヴィクトリア女王はインド皇帝を兼ね、ここにイギリス領インド帝国が成立した。この前後、イギリスはシンガポール・マラッカ・ペナンをあわせて海峡植民地を築き、また3度にわたる戦闘を通してビルマ（現ミャンマー）を征服し、これをインド帝国に併合した。

東アジアに目を転ずると、イギリスの対中貿易は、中国から絹・茶・陶磁器・南京木綿（ナンキン）を輸入し、本国産の毛織物・インド産の綿花・アメリカ産の銀などを輸出していた。輸出入のバランスは、茶の需要の増大に伴って、イギリスの輸入超過となり、その解決策として、インド産のアヘンが中国市場に持ち込まれるようになった。

このアヘンの流通をめぐる清朝・イギリスの係争は、やがて軍事力の行使に至り、清の軍隊は圧倒され、欧亜の技術格差が顕在化した（アヘン戦争）。そして、1842年の南京条約以降、清朝はイギリスなどのヨーロッパ諸国に貿易の「自由化」を強制されていく。

この清朝および中華帝国の威信の失墜は、民衆の反乱・暴動を連鎖的に引き起こし太平天国（たいへいてんごく）の乱につながった。この動乱の最中に、清朝は英仏両国との紛争に敗れ（第2次アヘン戦争）、さらに威信を低下させた。また、太平天国が清朝の正規軍（満洲八騎（はっき））ではなく、地域社会や中華世界の護持を掲げて広範な支持を得た湘軍（しょう）・淮軍（わい）に滅ぼされたことは、中華人民共和国の初期段階まで続く軍閥割拠の始点となった。

フランスの植民地経営は、インドシナ半島において展開された。フランスはカンボジアやベトナムを侵略し、19世紀末にこれを保護国としたため、宗主権を主張する清国との間に清仏戦争が勃発した（1884年）。この戦争に勝利を得たフランスは、イギリスに対抗する形で、1887年にインドシナ連邦を組織し、ついでラオスをも編入した。フランスはここを拠点として中国南部の雲南（うんなん）・広西（こうせい）・広東（カントン）省に勢力を広げていった。

また、スペインは英仏に先行して、16世紀後半にフィリピン諸島を領有したが、19世紀には、ここで商品作物の栽培を強制して利益をあげた。オランダもジャワ島を中心にインドネシアを支配して、ここに強制栽培制度を導入して住民を搾取していった。

　他方、ロシアによるシベリア東進の動きは、清とのネルチンスク条約でアムール川（黒竜江）流域への南下を阻まれたものの、その後も東進はとどまらず、勢力はユーラシア大陸とアメリカ大陸の接合部（カムチャツカ＝アラスカ）にまで達した。19世紀になると、再び南に向かい、1858年、清国との間にアイグン（愛琿）条約を結んで、ウスリー川以東の沿海州を露清共有の地とし、アムール川以北の地を獲得した。1860年には北京条約を結んでさらに沿海州をも獲得してウラジヴォストークを建設し、東アジアへのさらなる侵攻の拠点とした。

　アジアでは、このように、多くの国がヨーロッパ諸列強の植民地とされて国家としての独立性を失うか、独立性は失わないものの強力な政治的・経済的支配下に置かれて半植民地化されてしまった。こうした情勢の中で、わずかに日本と朝鮮・タイ・トルコが独立を維持していたに過ぎなかった。このうち、日本は幕末から明治初年にかけて国内の混乱を経験しながらも、国家的統一を失わず、相対的に円滑・急速に近代化を進めた（明治維新）。

　明治政府による上からの近代化政策は、必然的に後進国型のそれを余儀なくされ、やがて英仏露3国に追随して、隣国朝鮮や清朝下の中国を植民地化する動きに加わっていった。

中東・アフリカ情勢とヨーロッパ列強

　ヨーロッパ勢力による中東やアフリカの分割と植民地化も、19世紀の後半から20世紀の初頭にかけて完了をみた。エジプトは19世紀の初頭にオスマン帝国からの自立を成し遂げていたが、フランス・ロシア・イギリスが中東世界への介入の姿勢を強めた。

　オスマン帝国とエジプトは、種々の近代化政策を試みるが、徐々に英仏をはじめとするヨーロッパ列強の経済力に支配されるようになっていった。こ

とに、1869年にスエズ運河が完成し、ヨーロッパ・中東・アジア相互の交通が容易になると、ヨーロッパ諸勢力による侵略は、中東・アフリカにも一気に及んでいった。イギリスは、エジプトからスエズ運河会社の株を買い取ることを手始めとして、次第にエジプトを占領統治した。さらに、スーダンを支配下に置くや、南アフリカの併合を策して南アフリカ戦争を引き起こした。ケープタウン・カイロ・カルカッタを結ぶいわゆる3C政策の展開である。

フランスも、アルジェリアを起点としてチュニジア・モロッコに勢力を拡大、さらにサハラから赤道アフリカを経てジブチ・マダガスカルに至るアフリカ横断政策に着手した。ドイツは、1880年代に南西アフリカ・カメルーン・トーゴ・東アフリカを占領し、イタリアもエリトリアを植民地化し、ソマリランドを併合、エチオピアへの侵略を策した。ここにヨーロッパ列強による中東とアフリカの分割＝植民地化は完了する。

第一次世界大戦

第一次世界大戦前の約15年間に世界各地では、主なものだけをあげるにとどめても、ファショダ事件、アメリカ＝スペイン戦争、義和団事件、日露戦

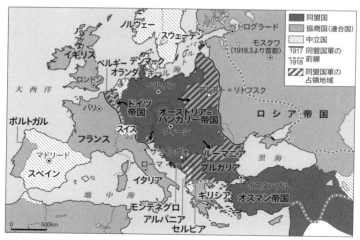

第一次世界大戦中のヨーロッパ

争、モロッコ危機、ボスニア・ヘルツェゴヴィナ併合、イタリア＝トルコ戦争、バルカン戦争など、戦火が絶えることがなかった。これに加えて、さらには、パン＝ゲルマン主義とパン＝スラヴ主義の角逐があり、サライェヴォ事件を契機として、オーストリア・ドイツ・オスマン帝国の3帝国、ロシア・フランス・イギリス・日本・イタリアなどが宣戦・参戦して、第一次世界大戦が展開された。

　この戦争は、ヨーロッパに始まったが、やがて世界各地のヨーロッパ植民地にまで拡大して、おびただしい数の人命が失われた。それは、人類最初の総力戦であるとともに、旧来の「勢力均衡」の上にたった国家の安全というものが、いかに脆いものであるかを示す戦争でもあった。戦後に生まれた国際連盟は、こうした点を踏まえて、平和の維持と国際協調の組織化を目的として作られた歴史上初の集団安全保障体制だった。

　第一次世界大戦は、「持てる国」に対する後発資本主義国家たる「持たざる国」の軍事的挑戦という面を持っており、ドイツは世界強国としての地位を得ようとして植民地再分割を求めた。しかしドイツの要求は実現されず、結果的には先進資本主義諸国の世界支配体制は逆に一段と強化された。ドイツは戦後のヴェルサイユ体制のもとで戦争責任を厳しく負わされることとなり、ヨーロッパの領土の削減、海外植民地の剥奪、再軍備の制限、賠償金の支払いを命じられた。

　第一次世界大戦の最中の1917年には、アメリカ合衆国が参戦し、ロシアでは革命が起こり、世界で初めての社会主義国家（のちのソヴィエト社会主義共和国連邦）が生まれた。レーニンはドイツとの間に単独講和条約を締結して戦争を終結させ、経済問題を中心とする国内体制の整備に着手する。

　新政権は「戦時共産主義経済政策」「新経済政策」を経て、農業の集団化を進めたが、人々の自由もまた失われていった。さらに、重工業優先の工業化によって、日常生活に必要な製品の慢性的な欠乏状態が続くことになり、個人の生活は国家的目標のもとに不自由を余儀なくされていった。

　第一次世界大戦後のヨーロッパでは、ロシア革命の影響もあって、オーストリア・ドイツで革命が起こり、君主制が廃されて共和制の国家が生まれた。その他の国々でも資本主義体制を批判し、社会主義をめざす運動が激しく展

開された。戦場となったヨーロッパは、戦後、荒廃の中からの再出発となった。ドイツ・オーストリアはもちろんのこと、イギリスも復興に手間取り、フランスはロシアへの資本を回収できず、ドイツからの賠償金取得も困難となっていた。

かくして大戦末期に参戦したアメリカ合衆国が、ヨーロッパの復興に手を差し伸べるかたわら、債権国として国際政局と国際経済の両面で相対的に地位を向上させた。

第二次世界大戦

第一次世界大戦後の世界は、米・英・仏の3国の戦勝自由主義国家群と、ソ連邦、それに独・伊・日本という後進資本主義国家群の、三極構造となった。このうち第1の国家群は、世界恐慌を境としてブロック経済化をめざし、第3の国家群は、国家と経済を全体主義的に再編しつつ、他の国家群に対する軍事的対決の姿勢を強めていった。

「持てる国」の政策は、労働運動の攻勢を抑え込む一方で、労使協調路線も採用して、生産性の向上を達成したが、「持たざる国」では、資本家が労働者に譲歩できる余地が少なく、それだけに労働運動や社会運動は激化する。政府もまた強硬な手段に訴えざるを得ない。こうした土壌から、国家権力と資本家とが一体化する国家独占資本主義と呼ばれる状態が生まれる。

イタリアやドイツでは、第一次世界大戦の戦後処理に対する国民の不満を解消できず、また経済恐慌や農業不況をも解決できない政府に対する批判が噴出し、既存の体制に対する強烈な否定が展開する。

ドイツの対外目標は、東欧に「生存圏」を構築することであったとされるが、1935年にはまずザール地方を回復し、翌年にはラインラント非武装地帯に進駐した。イタリアはエチオピアを併合し、日本は中国大陸への侵攻を深めていた。この3国は、1937年に軍事同盟を成立させて結束を固めた。ここに「持たざる国」の同盟が成立したのである。

第二次世界大戦の構図は、第三極諸国の同盟に対する、米・英・仏とソ連などの「連合」軍の戦いであった。この戦争は第一次世界大戦よりもさらに

多くの死者を出し、人々の間に大きな悲しみと憎しみを残した。戦争は1945年に終結し、イタリアと日本は自由主義陣営に編入され、ドイツは東西に分割された。いずれの国々も、保持してきたすべての植民地を失い、文字通り「持たざる国」となった。

ソ連邦は、対独戦争の過程で、東ドイツをはじめ東欧諸国を社会主義化して一大陣営を築き上げた。しかし、その政府樹立の仕方は、少数派に過ぎなかった共産党を中心に仕立て上げた「人民民主主義国家」という名の、ソヴィエト連邦の衛星国作りだった。

イギリスとフランスは、米ソの協力によって全体主義勢力を壊滅させることができた。しかし自身もはなはだしく疲弊し、海外の植民地を支配し続け、西アジア諸民族も抑圧し続ける力を失った。他方、アメリカ合衆国は国力を増大させて、西側自由主義世界の盟主の地位についた。終戦の翌年アメリカ経済は、工業生産で全世界のほぼ3分の2、輸出量ではほぼ3分の1を占めた。

世界秩序の変動

戦後世界は、米ソ二超大国に領導され、自由主義と社会主義陣営の厳しい対立の場となったが、この東西の対立は、1970～80年代に融和が急速に進んだ。その理由は、米ソ両国の各陣営内での指導力・統率力の低下・弱体にある。ソヴィエト連邦陣営では早くも1956年に、ハンガリーでソ連邦からの離脱の動きがあり、1968年にもチェコで自由化の運動が展開された。いずれもソ連の軍事力によって厳しく鎮圧されたが、これらを通して、ソ連邦は、アメリカをはじめとした資本主義陣営に対して向けていた軍事力を、陣営内の結束維持にも必要として、従来以上に国民生活を犠牲にした軍事力の増強に努めなければならなくなった。

アメリカもまた、その指導的地位に翳りが見え始める。アメリカは、1950年代の末までに、多額のドルの援助を西欧諸国や日本に優先的に与え、その復興に協力するとともに、軍事援助を行って、共産主義の封じ込めに力を尽くした。さらに軍隊を世界各地に配備し、対ソ戦略を一手に担ってきた観が

ある。このため、戦後一貫して軍事化の過程を辿る。しかし一方で、1970年代初めになると経済に変調と失速が見られるようになる。またベトナム戦争をはじめ、民主主義を大義とした軍事行動や他国への干渉が、しばしばその理念と実態の乖離もあって国内外で批判を浴び、それによりしばしば失敗に終わったことで、その威信も揺らいでいった。

第二次世界大戦後の世界秩序にもう一つの要素が加わる。それは、戦後に独立を達成したアジア・アフリカの民主主義国家群であり、いわゆる「第三勢力」と称される国々である。これらの国々では、旧来の植民地支配の後遺症もあって、国家・社会の近代化や産業育成が大きな課題となっているが、資金や人材の不足などにより、必ずしも十分な成功を収めていない。そのため、軍事独裁政権が成立をみたり、形ばかりの社会主義政権が成立したりしているが、政情は不安定である。またこうした国々では、大半が外国から多額の借款をして国内産業の育成に努めている。

ヨーロッパ統合とアジア

大戦直後の世界は、米ソ主導のもとにあり、西ヨーロッパは、戦災に打ちひしがれた周辺的存在と化していた。そもそも2度の世界大戦は、ドイツとフランスの敵対を軸に展開されてきたが、このことが西欧世界の相対的地位の低下をもたらしてきた。この事実は、ヨーロッパ人が一国的な自民族中心の世界観を改める前提にもなった。ヨーロッパ諸国は、1950年代から統合の動きを示し始め、そして冷戦終結後には歴史と文化の共通性をその精神的支柱としつつ、従来の「国家」というものを超越した「ヨーロッパ共同体」の完成をめざすようになり、この中で1993年に欧州連合（EU）が設立された。

また、ソ連邦ではその冷戦終結後、バルト3国などの離脱・独立が相次ぎ、ついに共産党独裁に終止符が打たれた。ソ連という枠組みも解体したが、ロシアそのものは権威主義国家として再出発し、その力の回復と共にアメリカや西欧との対決姿勢を強め、現在に至っている。

イスラーム世界の連帯は、第二次世界大戦以後強固なものとなった。その一方で、各国の政治体制は、王族や軍事的独裁者による非民主的な支配が多

く、豊かな石油収入にもかかわらず、貧富の差はきわめて大きい。不安定な状態がしばらく続くであろう。

　ダイナミックな動きを示すこうした諸地域に比べると、東アジアにはさしたる変化はない。中国とベトナムは「社会主義」を堅持し、朝鮮半島は南北に分断されたまま、北朝鮮の西側諸国への軍事的挑発が続けられている。

　中国は、工業・農業・国防・科学技術の「現代化」をめざしつつ、日本や欧米諸国から技術・資本導入を経て、アメリカと並ぶ超大国へと変容しつつある。経済の自由化に伴って、政治の民主化、自由の拡大を求める運動も起きたが、共産党の一党独裁が依然継続している。世界最大級の人口を有する国家（2024年に人口ではインドに抜かれた）にふさわしい政治体制への模索は、なおしばらくの間続くと見なければならない。独自に国家を経営する台湾との関係も、東アジア全体に影響を及ぼしうる不安定要因である。

　インドやベトナム・インドネシア・フィリピンなども、目覚ましい経済成長を遂げているが、いずれも困難な政治問題を抱えている。

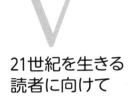

V 21世紀を生きる読者に向けて

　最後に、この第Ⅱ部の締め括りとして、21世紀初頭の世界と、日本の状況について、簡単にまとめておきたい。

　まず、日本の国力は総じて減退傾向にある。これは、1990年代初頭のバブル崩壊に伴う景気減速への対応の遅れや、出生数の減少と高齢者の増大による人口バランスの変化、各企業内の生産性向上のための改革への課題などの諸問題によるものといえる。

　他方で、周辺諸国の動向に目を転ずれば、中国は、膨大な労働力と巨大な国内市場を生かし、今なお高い経済成長率を維持し、軍事費も増強させている。台湾は、大陸からの圧力にさらされながらも高性能な半導体の開発技術を磨いてきた。韓国は、国内の党派対立で揺れつつも巨大企業を育成し、貿易により大きな富を形成している（軍事費もこの四半世紀、一貫して増やし続けている）。そして北朝鮮は、アメリカの覇権に反対する立場を共有する中国・ロシアからの支援を得て核兵器・ミサイル開発を続け、またそのロシアは、豊富な地下資源を活用してかつてのソ連の地位を得ようと努めている。

　韓国、そして中国でも少子化傾向は顕在化しつつあり、またヨーロッパでも類似した状況が生じている。移民が有効な対策だという声も大きいが、これに積極的だった国でも近年は再び出生数が減っている。全体として、この傾向を変える要素を見つけている国はなお存在しないといえる。

　半導体をはじめとした先端技術を駆使した産業についても、官民をあげて再活性化を図る動きは各所で生じている。また国防に関しても、日本周辺が不穏な状況にあることはすでに多くの国民が認識するところであり、有事への備えをいかに進めるかという議論もオープンな場を含め活発になされている。さらにその成果の一部が具体化されるようにもなっている（例えば、2024年5月に成立したセキュリティ・クリアランス制度）。

　とはいえ、視界をさらに広げると、世界秩序は緩やかに、そしてきっかけがあればより激烈に変動しうる局面にある。例えば、2014年以来ロシアは、ウクライナ領占領の動きを進めている。また、アメリカから長らく手厚い支

援を受けているイスラエルは、パレスチナ各地で非ユダヤ教徒を追い出しながら入植活動を進め、昨今はガザを実効支配する組織ハマスを攻撃し続けている。これらに対しては、各地で反発の声が上がり、また被害を受けている者たちを支援しようという動きも活発に展開されている。欧米的秩序を普遍的なものとすることにかねてから違和感を抱いていた国々（いわゆるグローバル・サウスに多い）からの声にも耳を傾ける必要がある。

　これらは、2024年現在においてまさに進行中の歴史である。つまり読者であるあなたもまた、好むと好まざるとに関わらず、将来、あるいはもう既に何らかの形で影響を受けている事象である。ではこうした、再び大きな変化の時代を迎えている現代世界を生き抜くには何が必要か。この本を執筆している歴史学者たちには、当然ながら、問題をダイレクトに解決する方策を提示する用意はない。しかしこれを読んでくれているあなたが、今、またこれから、自分が目にしている出来事やそれについての情報をどのように取り扱い、そしてそれにどう取り組んでいくべきなのか、その中でどのような知識や技術を準備しておくべきなのかを考える術を伝えることはできる。

　このような意識のもと、続く第Ⅲ部を読んでいってもらいたい。

※第Ⅱ部「日本史・世界史の群像」について簡略に付記しておく。その祖型は山川出版社の安田元久監修『歴史教育と歴史学』（1991年）に所収された関幸彦「日本史教育上の新しい視点」、森義信「世界史教育上の新しい視点」にある。後年、それに修正・訂正を加え大学用テキスト『海の日本史　文明と文化の展開』（冨山房インターナショナル、2012年）として用いてきたものを、この度の出版に際し、共通のたたき台とした。また、日本大学文理学部史学科教員が各専門分野から、濾過をかけ整形を施した。骨格を残しつつ、昨今の教科書表記を参考にして肉付けし対応したが、行き届かなかった箇所も皆無ではないと思う。ご海容願いたい。また、この通史部分執筆に当たり、担当各自が参考文献を用意したが、紙数の関係から掲載できなかった。参考にした論著は枚挙にいとまがなく、お許し願いたい。

第III部

歴史学への誘い

日本史

律令制から日本古代史を考える

武井紀子
Takei Noriko

日本古代史研究への招待

　日本古代史と聞いて、何を頭に思い浮かべるだろうか。『魏志』倭人伝の世界や巨大な前方後円墳を連想する人もいるだろうし、「あおによし」とうたわれた平城京やシルク＝ロードの影響を受けた正倉院宝物、あるいは平安時代の華やかな宮廷貴族社会をイメージする人もいるだろう。中国の文献に記された一番古い日本列島の様子は、1世紀頃のこと。いつまでを古代と考えるかについては議論が分かれるだろうが、高校の教科書に準拠してみてみれば、11世紀頃までを古代として扱っている。

　古代史を研究するための代表的な文献史料としては、『古事記』や『日本書紀』『続日本紀』以下の六国史などの歴史書、律令格式といった法制史料、正倉院文書をはじめとする古文書類、貴族の日記である古記録類などをあげることができる。文学作品や絵画資料を用いることもあるし、石碑や鉄剣銘などの金石文、木簡・墨書土器・漆紙文書などの出土文字資料も、古代のあり方をうかがう重要な史料である。また、日本の史料だけではなく、中国史や古代朝鮮史の史料を用いることも多々ある。

　古代の日本について知るには、まずは六国史などの編纂史料や法制史料を読むことが基本となるが、これらはそれぞれ編纂の目的や方針に従ってつくられたものであるから、適切な史料批判を加え、古文書類や出土文字資料といったほかの史料と突き合わせながら読む必要がある。当然ながら、史料とは断片的なもので、1つの史料で古代のすべてがわかるわけではない。古代史像を描き出していくには、多様な史料の性格を熟知した上で、それらを使いこなすことが求められるといえよう。

　とはいえ、中世以降に比べると古代史料の絶対数は圧

倒的に少なく、同時代的な史料となると、さらにその数は限られる。一般論として、時代が古ければ古いほど史料の残存状況は悪くなるので、これは致し方ないことである。

　では、史料が少ないから古代史研究は楽かというと、むしろその逆である。「手垢(てあか)のついていない古代史料はない（研究されていない古代史料はない、の意）」「古代史には先行研究のない分野はない」といわれるほど、限りある史料を駆使して、これまで膨大な研究が積み重ねられてきた。教科書や概説書などで示された古代史像は、そうした研究の蓄積に裏打ちされたものなのである。古代史を研究するにあたっては、史料を虚心坦懐(きょしんたんかい)に読むことと同時に、これまでの研究史とそこで展開された議論を整理し、自分なりの論点を見つけるところから始めなければならない。

　上述のことに加えて、古代社会の特徴や実像に迫る様々な研究視角や方法論についても、知っておく必要があるだろう。近年の主な研究動向として、以下の3点をあげておきたい。

　第1に、日本の古代史を列島内で完結したものとして考えるのではなく、他地域との関係、とりわけ東アジアの中で捉える見方が一般化した。日本の伝統や文化は、初めから日本固有のものとして存在していたわけではなく、他地域との関係の中で様々な影響を受けつつ形成された。古代はまさにその揺籃(ようらん)期にあたるのであり、対外交流史や比較史などの観点からその特徴を考えることは、今日の日本文化を知る上でもきわめて重要であるといえる。

　第2に、各地の遺跡から出土した文字資料により、文献史料だけではわからなかった古代社会の実態や地域の実像をうかがえるようになった。出土文字資料は、藤原京や平城京・長岡京など宮都遺跡のほかに地方の遺跡からも出土しており、古代地方社会の実情が解明されるようになった点は重要である。これにより、多様な古代社会の様相が明らかになってきた。

　第3に、研究で扱う史資料の幅が各段に広がり、考古学や外国史、歴史地理学や国語学・国文学、民俗学や文化人類学、美術史など、隣接諸分野との学際的研究が進んだ。文系の学問分野だけではなく、保存科学や気象学、食品衛生学や医学など理系分野との共同研究も盛んになっている。もちろん、それぞれの学問的手法は異なるが、様々なアプローチで多角度から古代のあ

り方が明らかになってきたことで、歴史学の面でも新しい研究視角や方法論が模索され、文献史料の読み直しやこれまでの研究の再検討などが進んでいる。

　以上のように、日本の古代史像は、文献史料の解釈に基づく重厚な研究史の上に、新たな視点や方法論による研究の知見が加えられ、日々更新されてきた。古代の通史的な記述は別の機会に譲り、本稿では、上述の３点のうちの第１点目に関連して、７〜９世紀の日本律令制の形成と展開について、これまでの研究で明らかになってきたことを紹介していきたい。ぜひ、実際に自分が研究しているような気持ちで読んでみてほしい。

日本で律令制を導入できたのはなぜか

　古代日本は、中国や朝鮮諸国から様々な政治的・文化的影響を受けてきた。東アジアにおいては中国文明のインパクトが大きく、その周辺に位置した朝鮮諸国や日本は、その影響下で様々な先進的文物を受容してきた。これらの文物の日本への伝播は、中国王朝との直接的交渉はもちろん、それだけでなく、中国を介さない周辺諸国同士の交流によって伝来した部分が大きかった。このことは、例えば仏教や儒教が朝鮮半島の百済を介して伝来したことを想起すれば、わかりやすいだろう。

　また、中国や朝鮮諸国と日本との交流は、必ずしも国家的な政治外交関係に限るものではなかった。『日本書紀』を繙けば、４世紀末から７世紀にかけて、東アジアでは戦乱などが繰り返し起こり、それらを契機として日本列島に多くの人々が渡来した。彼らによって伝えられた知識や技術も多くあり、それらが７世紀以前の国家形成に大きな影響を及ぼしたことは、いうまでもないだろう。

　このように、ひとことで「中国や朝鮮諸国から様々な文物が伝えられた」といっても、日本への伝播のあり方は多様であった。また当然ながら、日本列島へもたらされた知識や技術が、その後どのように定着・浸透していったのかという点も一様ではない。ここではその一例として、これまで筆者自身が研究してきた古代の倉庫をめぐる問題を手がかりに、東アジアにおける文

物の伝来と古代日本の国家形成について考えてみたい。

　今日、収納施設としての倉庫（クラ）には様々な漢字があてられる。よく使われているのは、「倉」「蔵」「庫」の3つであろう。これらの使い分けは古代中国に淵源があり、「倉」は穀物を収納する倉庫、「庫」は雑物を収納する倉庫のことを指し、「蔵」は朝廷の財物庫に用いられた。また、収納物の別による使い分けのほかに、建物施設の構造の違いに由来した用字もあった。「倉」は高床倉庫であったが、平屋の収納施設は「屋」、「窖」は地下の貯蔵穴を意味した。日本ではあまり使われないが、中国では形状の違いによる「京」（方形）や「囷」（円形）の漢字も、倉庫の意味で使われていた。

　これら以外に、古代日本では「椋」を倉庫の意味で用いていたことが知られる。しかし、そもそも「椋」という漢字はムクの木のことであり、中国ではこの字に倉庫の意味はない。一方、倉庫を指す「椋」の用法は古代朝鮮諸国に用例を確認でき、『魏志』高句麗伝に「小倉を名づけて桴京と呼んでいる」とあることから、高句麗で独自に作られた用法（木偏＋京）と考えられている。また、百済の官制に外椋部・内椋部があることや、百済・新羅の木簡の中にも同様の用例が確認されることから、倉庫としての「椋」字は、高句麗から百済・新羅へと伝わり、さらにそれが、どこかの段階で日本にも伝播したと推定できる。文書作成や倉庫の出納管理には優れた文筆能力を要するため、ヤマト政権の比較的早い段階から、渡来系氏族がフミヒト・クラヒトとして朝廷内の倉庫の出納管理業務に従事していたことが知られる。このことを踏まえれば、彼らを介して朝鮮半島の実務的な倉庫管理技術が伝えられ、それとともに「椋」の用字も日本にもたらされたと考えられよう。

　この「椋」の用例は、日本では主に7世紀から8世紀初期の木簡に集中して現れる。しかし、それ以降はパタリと見られなくなり、人名や地名として一部残るものの、倉庫の表記にはもっぱら「倉」や「庫」が用いられるようになるのである（「蔵」についてはやや特殊なので、ここでは割愛する）。

　このような変化には、大宝律令の施行が大きく影響していたとみられる。古代日本の律令制導入の動きは、いわゆる大化改新による政治改革に始まる。法典としての律令撰定は天智朝以降、天武朝になってから本格化し、持統天皇3年（689）には飛鳥浄御原令、ついで8世紀に入り、大宝律令が制定、

施行された（令は大宝元年〈701〉、律は同２年施行）。

　大宝律令は、唐から律令を全面的に継受した点に特徴があった。その中には、倉庫令という倉庫の管理運営に関する篇目があった。倉庫令は唐令・日本令ともに散逸しており、逸文でしか今日に伝わっていなかったのだが、1999年に中国で北宋（ほくそう）時代の律令である天聖令（てんせいれい）の残本が発見され、その後2006年に全面公表されたことにより、唐倉庫令の全容をうかがうことができるようになった。それによれば、唐では「倉」と「庫」の２系統によって収納施設を管理していたことが明らかになった。大宝令も、おおよそこれに倣ったものとみられる。

　つまり、古代日本で倉庫の漢字表記に変化が起こったのは、大宝令の施行により、倉庫管理が中国的な方式へと転換、統一されたことを示しているといえるのである。では、それまで蓄積されてきた倉庫の出納業務の技術は、大宝律令の施行によりすべて淘汰、刷新されてしまったのだろうか。事はそう単純ではないのである。

　非常に大雑把な言い方をすれば、律令というのは現代社会における憲法や民法・刑法などにあたり、それだけで統治技術としてまとまりをなしていることは確かなのだが、それを実社会に適用し運用していくためには、格（きゃく）や式（しき）と呼ばれる個別法令や施行細則を必要とした。また、律令や格式は政務運用の細部までは規定せず、特に実務的な部分は従来の方法や慣習に委ねられる部分が大きかった。倉庫関係についても、出納管理の責任の所在や出納記録の報告義務などは律令に規定するが、例えば実際の出納業務に従事する人々のことや、日々の出納記録のつけ方などについては規定しなかった。そうした部分には、従前の慣習やノウハウが活かせる形になっていたのである。

　以上のことを踏まえ、なぜ古代日本では唐王朝の最先端の統治技術を直輸入できたのか、という問題について考えてみよう。これには様々な要因が考えられ、その複合的な結果とみなければいけないのだが、その一因として、中国・朝鮮諸国から日本への文物伝播の特徴をあげることができる。古代朝鮮諸国は日本より早い段階から中国文化の直接的影響下にあり、それを咀（そ）嚼（しゃく）しつつ自国の支配を展開していた。そうした、いわば朝鮮諸国で一旦アレンジされた形での統治方法や実務的技術が、律令制の本格的導入に先駆けて、

渡来人を介して日本に伝わっていたのである。飛鳥浄御原令の条文が伝わらず史料も少ないため推測にわたるところが大きいのだが、大宝令より前の諸制度には、中国南北朝期・隋代の制度や朝鮮諸国の制度の影響が、続く大宝令・養老令よりも大きかったことが指摘されている。こうした現象も、古代日本における東アジア文化の波状的かつ重層的な伝播のあり方によるものであり、またそれが唐律令の全面的継受の前提となったのであろう。

大宝律令は律令制の完成形なのか

　前節で見たように、大宝律令の制定は、古代日本にとって非常に大きな意味を持つものであった。同年には、遣唐執節使粟田真人以下の遣唐使が任命され、翌大宝2年に派遣された。この時、中国に対して初めて「日本」と名乗ったことは有名である。

　日本の律令制は唐の制度を直輸入したものであるが、唐の律令をそのまま模倣したわけではない。大宝律令の藍本（お手本）となったのは、唐高宗の651年に制定された永徽律令で、これが天智朝から天武朝のどこかの段階で遣唐使や留学生によって持ち帰られたとみられている。日本律令撰定者たちはそれを参看しながら、逐条的に検討・修正を加えていったと考えられる。実際に唐令と日本令を比較してみると、単なる語句の修正にとどまらず、内容までよく考えた上で唐令に修正・改変を加えており、そこに律令撰定者の見識や苦労を見て取ることができる。大宝令の撰定メンバーには、刑部親王や藤原不比等らの皇親・公卿に加え、粟田真人や土師宿禰甥・白猪史骨など、唐文化に暁通していた渡来系氏族や入唐経験者が名を連ねていた。

　では、日本の律令制は、大宝律令で"完成"したのだろうか。確かに、大宝律令は7世紀半ば以降に進められた中央集権的な国家形成の1つの到達点であり、これにより、政治を動かす官僚制機構と、籍帳制（戸籍・計帳）に基づく民衆支配の仕組みができあがった。9世紀の史料には、「律令の興り、けだし大宝に始まる」（『類聚三代格』巻17、承和7年〈840〉4月23日太政官符）とあり、8世紀以降の律令制の出発点として認識されていたことは疑いない。その意味で、大宝律令を"一応の"完成形と捉えることは正

しい。

　しかし、法令ができたからといって、すぐにそれを運用できたわけではなかった。大宝初年には、撰定者らを講師として、官人たちに向けた律や令の講習会が開かれている。また、和銅5年（712）には、内外官人に律令の遵守を徹底するように命じる詔が出ており、法の運用には困難が伴ったことがうかがえる。

　前節で指摘したように、中国では律令とともに格式が編纂され、4つが相まって法制度として機能した。一方、日本では、7世紀半ば以降の東アジアの国際的緊張を背景として、まず律と令の継受が急がれたため、この段階では格式の編纂を行うことまでは念頭になかったとみられる。また、実際に大宝律令を施行してみると様々な不都合が生じ、慶雲3年（706）には、そうした法制の不備を補正する法令がまとめて出された。続く和銅から養老年間にかけて、度量衡の全国的規格や地方行政を中央へ報告するための各種書式が頒布された。律令の運用を円滑に行うための諸制度は、むしろ大宝律令制定後の8世紀前半になって、ようやく整えられていったといえる。ここで整備された諸々の改正は、のちの養老律令や延喜式の規定につながっていくことが明らかになっている。

　また、養老2年（718）には請益生として入唐していた大倭小東人（のちに改名して大和長岡）らが帰国し、唐の最新の知識を伝えた。この時すでに養老律令の撰定が開始されており、小東人はその過程での疑問点を解決するために唐に派遣されたのである。養老律令の撰定は養老5年頃におおよそ完成していたというのが通説であるが（施行は天平宝字元年〈757〉にまで下る）、その後も改訂が加えられたとする説もある。養老令条文と唐令条文を比較してみると、大宝令に比べてより唐令に近づいたと指摘されている。これらのことを踏まえれば、大宝律令が画期的だったことは間違いないが、けっして完璧な法典ではなかったのであり、律令制の整備は以後も続けられたことがわかるだろう。

　また、8世紀の諸制度の中にも、今日までの研究によって理解が大きく変わったものがある。天平15年（743）に出された墾田永年私財法である。よく知られるように、この法令は自ら開墾した土地は収公せず永久所有を認め

たもので、かつては、いわゆる公地公民の原則が崩れ、律令制が崩壊する端緒と位置づけられてきた。確かに、これを契機に有力貴族や大寺院の私的土地所有が進んだことは間違いない。一方で、私財法では、開墾するのに地方官の許可を義務づけ、位階に応じて占有する田地の面積に制限を設けた。これにより、墾田も公的な手続きを経て国家に把握される田地となり、口分田とともに田図に載せられるようになった。そもそも唐令では、口分田のほかに永業田という収公されない田地の所有が認められており、私財法に定められた位階に応じた所有制限は、唐の官人永業田のあり方と共通する。このように、墾田永年私財法によって国家の土地把握が強化された点を重視するならば、それは律令制の深化として評価することができるであろう。

　8世紀以降の古代日本について考える時、大宝律令の施行を日本律令制の完成した形と考えると、おのずからその後は律令制の崩壊、変質と捉えざるを得ない。しかし、8世紀には律令制による支配が進展した面があったことも事実なのである。

日本の律令制はどのように展開したのか

　律令国家ないし律令制という言葉は、律令に基づく支配が行われたことに着目して当該期の国家を性格づけた、日本史研究の中から生まれた概念である。律令を撰定し施行した点では中国歴代王朝も同じであるが、中国王朝を指して律令国家あるいは律令制と称することは、一般的ではない。これは、どうしてだろうか。

　中国社会の基底には儒教的な礼の秩序が存在し、社会規範として重視された。例えば、国家機能の中枢を担う官職体系や官人秩序、民衆把握の土台となる家や親族関係なども礼の秩序により支えられており、法（律令）による支配もこれを前提として、秦漢以来の長い歴史の中で綿密に構築されたものであった。王朝が変わっても律令は作られ続けており、ある時代を切り取って律令国家・律令制と呼ぶことは馴染まないのである。

　これに対し、古代日本は優れた中央集権的統治の模範として中国律令を継受したが、当然ながら、法が機能する社会のあり方は異なり、礼制について

も律令規定に関わる範囲での部分的導入に留まっていた。つまり、日本では中国における法典編纂の歴史やその社会的背景を捨象し、純粋な統治技術として唐律令の骨組みを取り入れた点に特徴があったのである。
　日本で礼の受容が進むきっかけを作ったのは、吉備真備である。真備は遣唐使として２度中国に渡っているが、最初の入唐（養老の遣唐使。天平７年〈735〉に帰国）の時に、「唐礼百卅巻」（顕慶礼）や暦（大衍暦）、音楽や武器類など様々な文物を持ち帰ったことが知られる。養老の遣唐使は、中国文化を広く摂取することを目的としていたといわれ、彼らのもたらした儒教や仏教の体系的な文物が、中国の学問や思想に対する理解を一層進めたのである。なお、この時に真備とともに入唐した玄昉は、多くの仏経典類を将来し、それが聖武天皇や光明皇后の仏教政策や写経事業を支えることとなった。
　８世紀後半に、藤原仲麻呂が実施した儒教的な諸政策についても、真備や玄昉が将来した中国文物の蓄積を前提として展開したものだったと考えなければならないだろう。仲麻呂の諸政策は、その専横的な性格から、個人の唐風趣味の範疇、あるいは自身の権威づけのための政策だったといわれることが多い。しかし、官人育成の基礎になる学術振興政策など、儒教や礼の規範が官人層に浸透するのを促した側面もあった。この点は、正しく評価する必要があるだろう。
　また、桓武天皇は、天武系から天智系へ王統が変化したことを王朝交替と意識し、郊祀（皇帝が天を祀ること）を行うなど、自身を中国皇帝になぞらえることで権威の強化を図った。桓武天皇による唐風志向は平城・嵯峨・仁明朝に引き継がれ、唐礼を手本に朝廷儀式の手順や所作を定めた儀式書が作られた。ここに至り、吉備真備によってなされた体系的な唐礼の継受が制度化され、日本社会における礼の規範として提示されることになったのである。
　そして、ここで形作られた礼制を土台として立法されたのが、９世紀から10世紀初頭に編纂された三代の格式（弘仁格式、貞観格式、延喜格式）だったと位置づけることができよう。このことは、実社会の変化に即応するための法として、律令から格式へと比重が移っていったことを示している。もっ

とも、9世紀には官撰注釈書の『令義解』や惟宗直本による『令集解』が成立し、律令条文の注釈（解釈）は格式の法的根源として位置づけられるようになっていった。日本では、9世紀になってようやく律令格式の4つがそろい、律令条文を十分に解釈し、それを格式によって現実的に運用していく術が整ったといえるのである。

　このように考えるならば、9世紀の格式が整備された時代は、いわば律令制の第2段階ということができるだろう。そして、こうした変化が社会に根づくことで、10世紀以降、摂関期の古記録などにうかがえるような宮廷貴族社会が生まれてくるのである。

　以上、律令制の展開過程という側面から、かけ足で古代の歴史を見てきた。もちろん、天皇制の問題や在地社会の実態など、ほかにもたくさん面白い論点がある。研究が進み見方が変われば、古代史像の捉え方も異なってくる。当たり前のことであるが、そのことに気づいてもらえたら嬉しく思う。日本古代史の醍醐味は、一つ一つの緻密な研究を裏づけとして、国家像や社会の様子などを長いスパンで捉えていくところにあると思う。手に取りやすい新書の形での通史や、テーマごとに研究の要点を簡便にまとめた書籍も多く出版されるようになった。それらを読んで、関心のある部分が見つかったら、ぜひ研究の深淵に足を踏み入れてみてほしい。

参考文献
　大津透『律令制とはなにか』日本史リブレット73、山川出版社、2013年
　大津透編『日本史の現在2 古代』山川出版社、2024年
　佐藤信・小口雅史編『古代史料を読む』上・下、同成社、2018年
　武井紀子「東アジアの中の日本文字資料－人・物の管理方法を中心として－」犬飼隆編『古代の文字文化』竹林舎、2017年

日本史

中世武家領主支配の学際的調査研究への招待

田中大喜 Tanaka Hiroki

はじめに

　中学校や高校で日本史を学んだことのある人は、平安時代に武士という集団が誕生して、やがて治承・寿永の内乱の中から鎌倉幕府が成立し、その後、江戸幕府が滅亡するまで武士（武家政権）の支配が長く続いたという歴史を学んだことだろう。日本ではおよそ700年間も武士の支配が続いたわけだが、学校の授業や大河ドラマなどで繰り返しこうした史実を目の当たりにしていると、武士が統治者であったことは自然なこととして受け入れてしまうように思われる。ところが、周囲の東アジア諸国の歴史に目を向けてみると、数百年もの間、職業戦士が政治の実権を握り、社会を統治していたという歴史を持つ国は、実は日本だけだということに気づく。つまり、職業戦士である武士による長い支配の歴史とは、東アジアの中では決して「自然なこと」ではなく、日本だけが有する特異な歴史ということになるのである。

　それでは、日本ではなぜ武士による支配が長く続いたのだろうか。この問題は、なぜ前近代の日本社会は武士を支配者として選択（受容）したのか、という問いに置き換えることができる。そして、この問題を考えることは、武士の支配が長く続いた前近代の日本社会の特質について考えることにつながるはずである。このような問題意識から、私はおよそ11世紀後半から16世紀末までの中世と呼ばれる時代に、日本各地に形成された地域社会を武士がどのようにして支配できたのか＝武士がどのようにして領主になれたのかという問題を主要なテーマとして、研究を進めている。本稿では、最近私が取り組んだ調査研究の事例紹介を通して、そこから浮かび上がる中世武士の地域支配＝中世の武家領主支配の様相につい

て素描してみたい。

在地領主制論から地域社会論へ

　本題に入る前に、まずは中世の武家領主支配をめぐる研究動向について述べておきたい。

　中世の武士が領主として地域社会をどのようにして支配できたのかという研究テーマは、戦前からの分厚い研究史を持つ、日本中世史研究では「王道」ともいえるテーマである。特に戦後から1970年代にかけての研究は、マルクス主義歴史学の影響のもと武士を在地領主と捉え、武士はその武力（経済外的強制）によって民衆（百姓）を農奴として支配したと理解した。このような理解は、草深い農村から成長した中世武士＝在地領主と都の貴族・寺社などの荘園領主とを対立的に捉え、前者が形成した農奴制支配に基づく中世封建制社会が、後者の奴隷制支配に基づく古代荘園制社会を克服していくというシェーマに立脚したものだった。こうした変革主体としての在地領主の自己運動＝封建的支配の深化を基軸に、中世社会の形成と展開を見通す方法論を在地領主制論と呼ぶ。1960年代には、在地領主も荘園領主もともに農奴制支配を行う封建領主と捉えられるようになり、両者を対立的に捉える見方は克服されたものの、戦後から1970年代にかけての中世の武家領主研究は、基本的にこの在地領主制論の圧倒的な影響力のもとで進められたのである。

　在地領主制論は、日本の中世社会＝封建制社会の進展の度合いをはかる分析具としての役割を担ったが、その目的は、東アジア世界において日本だけが、西欧と同じ近代化の道をたどりえた出発点を発見することにあった。しかし、1980年代になると、こうした政治的関心が後退したことにより、在地領主制論は退潮していった。そして、これに替わるようにして登場したのが、職能論的武士論に基づく中世武家領主論である。

　職能論的武士論とは、武士を武芸を職能とする職能人＝職業戦士と捉える視点に基づく中世武士研究のことである。この研究では、中世武士の「武士としての側面」を究明することに主眼が置かれ、その「在地領主としての側面」は切り離された。これにより、それまでの在地領主制論では捨象されて

きた、中世武士の武芸・武具・戦闘方法・習俗などに関する分析が進み、中世武士の多様な実態が明らかにされた。そして、この成果を踏まえて、改めて中世武士の領主支配のあり方が追究されたのである。

　この研究では、中世武士が戦士として保有する圧倒的な武力を駆使して民衆を暴力的に支配する具体相や、「武家の習い」と呼ばれた自らの慣行を民衆（村落）に強制した姿が浮き彫りにされた。職能論的武士論の成果を踏まえて、中世武士の多様な領主支配のあり方を具体的に示した貴重な成果といえる。なかでも特筆されるのは、中世武士の武力は自らの支配の拡大のためだけに恣意的に発動されたわけではなく、民衆や村落の地域側の要請によって発動される場合もあったことが指摘された点である。すなわち、中世武士の武力は地域側が抱えた自力による解決が困難な紛争を解決するために発動されることもあり、それにより武士は領主となる契機をつかんだと指摘されたのだが、こうした議論には在地領主制論のような武士＝領主と民衆との関係を対立軸のみで捉えようとする見方を克服し、地域社会論を意識した研究視角がうかがえ、注目されるのである。

　地域社会論とは、「国家」の既存の枠組みにとらわれず、多様な要素によって自律的に形成されている「地域」の秩序を究明し、それにより「国家」自体の相対化を図る方法論である。1990年代以降、この方法論を用いた研究が活性化したが、中世武家領主研究も例外ではなかった。すなわち、地域社会論に立脚した中世武家領主研究では、領主である武士も自律的な地域を構成する諸集団の１つと捉えられ、その支配の実態について地域の諸集団との関係性を基軸に検討が進められた。その結果、中世武士は、在地領主制論でも注目されていた用水路の整備・維持のほか、集散地（町場）の興行や飢饉・災害・害獣への対応、そして寺社が催す神事や法会への関与などを通して、地域の存立に果たす自らの有用性（役割）＝領主としての存在意義をアピールし、これを地域の諸集団から認知されることでその領主支配を成り立たせていたことが明らかにされたのである。

　このように近年の中世武家領主研究は、地域社会論の研究視角に基づいて、武士も民衆（村落）と同じ地域を構成する諸集団の１つと捉え、その領主支配の具体相を明らかにしつつある。地域社会論の有効性はいまだ失われてい

ないため、民衆との政治的立場・利害の相違に留意しつつ、今後も地域社会論に立脚して中世の武家領主支配の具体相を深化させていく作業が求められよう。

中世武士の本拠と地域総合調査

　地域社会論に立脚して中世の武家領主支配の具体相を追究しようとする際、近年注目されている研究手法として、中世武士の本拠景観の復元がある。本拠とは、武士の屋敷を中心に、その周囲にある河川や道路、水陸交通路の結節点に設けられ地域の再生産を支えた集散地（町場）、所領内の田畠を灌漑（かんがい）する用水路、そして一族・祖先の極楽往生と民衆の暮らしの安穏を祈る寺社などの諸施設が関連づけられて構成された、所領支配の拠点となる空間のことである。本拠は、当然のことながら領主である武士が創り出した空間であることから、武士の領主支配の様態を映し出す「鏡」といえ、本拠の景観復元を通してその具体相に迫ることができるのである。

　それでは、どのようにして本拠の景観を復元できるのだろうか。本拠の中心は、武士の屋敷である。したがって、本拠の景観を復元するためには、まず武士の屋敷地を特定しなければならない。ところが、鎌倉時代の屋敷地を特定しようとすると、そう簡単ではなくなる。というのも、現在、遺跡として地表面に確認できる中世武士の屋敷＝城館遺構の大部分は室町～戦国時代のものであり、かつ中世の文献史料も鎌倉時代のその所在地を具体的に示すものはほとんどないからである。こうしたことから、室町時代よりも前の時代の武士の屋敷地を探るためには、近世から近代における土地台帳や絵図、あるいは当該期の地誌・系図・軍記物語などの文献史料に手がかりを求めることが多くなる。すなわち、前者には「堀ノ内」「屋敷」「土居」「御館」「馬場」といったその痕跡を伝える地名が、一方後者には鎌倉～南北朝時代の屋敷＝城館に関わる伝承が記されていることがあり、これらが重要な比定の根拠となるのである。地名については、土地台帳や絵図に載らないような、聞き取りによって得られる現地で慣行的に使用されている地名（通称地名）も大事である。なお、聞き取りから得られる、戦前まで遡及できる陸上・河川

交通に関する情報は、中世・近世の文献史料から得られる当該情報と照合させることで、本拠の陸上・河川交通の実態に迫ることができる資料となる。

集散地については、中世の文献史料に確認できるものがある一方、それに現れないものもある。そうした集散地は、発掘によって確認されるものもあれば、近世・近代の土地台帳や絵図から「市」「宿(しゅく)」といった地名や短冊状の地割りを見出すことで確認できるものもある。また、用水路についても、中世の文献史料に確認できるものとそうでないものとがあるが、それは集散地以上に文献史料に現れにくい。というのも、用水路自体は領主の権益にならないため、中世の文献史料の多くを占める領主側が伝えたそれには現れにくいからである。したがって、現行の用水路と圃場(ほじょう)整備の影響を受けにくいその灌漑域とを調べ、それらと中世・近世の文献史料からうかがえる所領(田畠)の範囲・分布との関係を検討することで、中世段階の用水路を推定することになる。そして、寺社については、現存する寺社であればそこに伝わる縁起・文書・石造物や仏神像の胎内墨書銘(たいないぼくしょ)から、創建年代や関わりのあった武士の存在を見出せることがある。また、これらや近世の地誌からは、廃絶した寺社を確認できる場合もある。

このように本拠の景観復元は、中世の文献史料だけでは難しい。近世・近代の文献史料のほか、中世の出土遺構・遺物や仏神像・石造物の調査、そして現行の用水路とその灌漑域の調査も必要となる。つまり、地域に遺された歴史的遺産＝地域諸資料を悉皆的に調査し、本拠に関わる多様な情報を抽出して総合化する作業が求められるのである。そのためには、文献史学・考古学・民俗学・歴史地理学・美術史など、関連諸分野との連携が不可欠となる。中世武士の本拠景観は、このような「地域総合調査」とも呼ぶべき学際的な調査研究を通して復元できるのである。

肥前千葉氏の本拠景観の復元

それでは実際に、最近私が取り組んだ地域総合調査によって復元した中世武士の本拠の事例を紹介しよう。それは、肥前国小城郡(ひぜんおぎ)（現佐賀県小城市）に形成された肥前千葉氏の本拠である。

肥前千葉氏は下総国千葉荘（現千葉県千葉市）を本領とした千葉氏の一族であり、鎌倉時代には小城郡の惣地頭として同郡を支配した。13世紀後半の蒙古襲来を機に小城郡に下向し始め、14世紀の千葉胤泰の段階に本格的に定着したと考えられている。現在、小城市には千葉城と呼ばれる山城が残されているが、これは15世紀以降の千葉氏の拠点であることが発掘調査によって明らかにされている。したがって、それ以前の千葉氏の拠点＝屋敷地は別の場所にあったことになる。

　小城市に残されている明治時代に作成された地籍図には、残念ながら千葉氏の屋敷地の痕跡を伝える地名は見出せない。そこで、近世に作成された千葉氏の系図や戦乱誌を見ると、胤泰は「高田の城」にいたことが知られる。よって、この一帯が、肥前千葉氏が13世紀後半に形成した本拠と目される。

　「高田の城」について、先行研究において有力候補地とされているのは、①高田環濠集落、②遠江環濠集落、③社館跡、④門前「館屋敷」、の４つだが（図２参照）、なかでも③の可能性が最も高いとされている。しかしながら、③は鎌倉時代の嘉瀬川河口域＝有明海沿岸部に至近の水害に見舞われやすい低平地に立地しており、かつ15世紀以降の千葉城を中心とする本拠からはかなり離れた場所にある。これらのことに鑑みると、③は肥前千葉氏の初期段階の拠点とは見なしがたいと考えられる。

　そこで改めて明治時代の地籍図を見てみると、円通寺という寺院の西隣の字名が「高田」である点が注目される。この字「高田」の範囲は図１に示した通りだが、安政年間（1855～60）に作成された小城北郷図（佐賀県立図書館所蔵）という絵図には、この場所に「山田里」という記載が見える。そして、弘安６年（1283）の千葉宗胤ヵ寺領寄進状（円通寺文書）を見ると、円通寺の長老の源祐が「寺辺」の「七条仁新郷山田里」に所在する田畠一町を改めて同寺に寄進したことを受けて、宗胤と目される人物が常胤以来の先祖の菩提を弔うことを条件にこれを安堵したことがわかる。これらのことを勘案すると、源祐が寄進した「寺辺」の山田里にある所領とは、円通寺西隣の字「高田」にあったと解され、少なくとも13世紀後半には、ここが肥前千葉氏の強い影響下にあった様子が看取できるだろう。

　加えて、円通寺の東側を流れる用水を、現地では「タッチューガワ」と呼

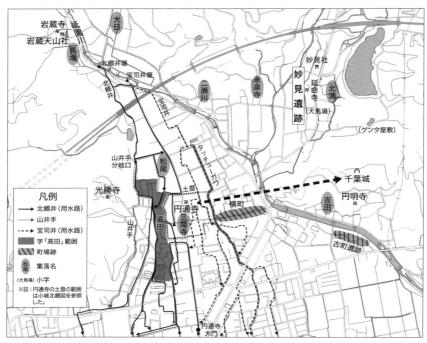

図1　円通寺付近図（作成：土山祐之）

んでいる点も注目される。円通寺の側を流れることから、これに当てる漢字としては「塔頭川」が連想される。しかしその一方で、西九州地方には「タッチュー」と発音する「立中」という地名が散見する。これは、領主自身やその配偶者あるいは居館の所在地を示す地名であり、語源は「館中」や「館所」と考えられている。この「立中」という地名の存在、そして「タッチュー」という呼称が寺院境内を示す例は稀との指摘を踏まえると、「タッチューガワ」は「立中川」の可能性が高いと判断される。すると、「立中川」が側を流れる円通寺の付近には、領主の屋敷があった可能性が高いことになる。前述したように、円通寺西隣の字「高田」＝山田里の地は、13世紀後半には肥前千葉氏の強い影響下にあったことを踏まえると、この領主屋敷は肥前千葉氏のものと考えられよう。これこそが「高田の城」ではないか。肥前千葉氏が13世紀後半に形成した本拠は、円通寺一帯に比定されるのである。

94　第Ⅲ部　歴史学への誘い

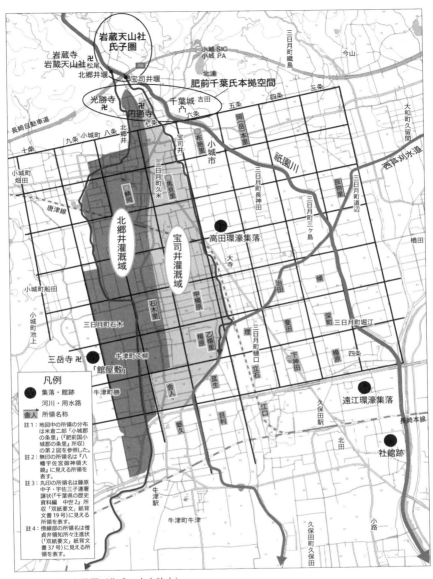

図2　小城郡条里図（作成：土山祐之）

中世武家領主支配の学際的調査研究への招待　　95

肥前千葉氏が13世紀後半に形成した本拠の所在地をこのように比定すると、円通寺は小城市の中で鎌倉時代の肥前千葉氏の足跡が最も色濃く残されている場所であることが自然に理解できる。なかでも同寺に伝わる木造多聞天立像・持国天立像は、胎内墨書銘から永仁２年（1294）に宗胤が当代一流の仏師だった湛康に依頼して制作されたものとわかるが、その造立趣旨には小城郡の安穏祈願も含まれていた点が注目される。すなわち、小城郡の安穏祈願とは、同郡に暮らす在来勢力と民衆を対象としたものと見られ、千葉氏は円通寺とともに彼らの安穏を祈願することでその支持を得て、同郡における領主支配を確立しようとしたと考えられるのである。

　さらに、光勝寺と千葉城の位置関係も明確になる。すなわち、円通寺付近に肥前千葉氏の屋敷を措定してみると、その西の谷奥に光勝寺が位置することになる。光勝寺は千葉氏が信仰した日蓮宗の寺院であり、かつ自らが創建した氏寺ともいうべき寺院であったから、墓所や聖地を設けるべき屋敷の西の谷奥に建立されたと理解できる。そして、15世紀以降に肥前千葉氏の拠点となる千葉城は、屋敷から見て祇園川対岸の北東の山上に位置することになる。千葉城は肥前千葉氏の屋敷を中心とする本拠の中に位置づき、その戦時施設として屋敷の至近の山上に築かれたと理解できる。このように円通寺一帯を肥前千葉氏が13世紀後半に形成した本拠と比定することで、光勝寺と千葉城をその構成要素として把握でき、屋敷を中心にそれぞれの位置関係が明確になるのである。

　また、現在の円通寺の門前から東へ延びる小路一帯の字名を「横町」という。明治時代の地籍図を見ると、ここは短冊状地割が発達した地域であったことが確認でき、かつて実際に町場があった様子がうかがえる。この「横町」筋の東端は祇園川に接するが、その先の祇園川右岸には13～17世紀前半の遺物を伴う集散地遺跡（古町遺跡）が確認されている。すると、「横町」はこの延長線上に展開した町場の可能性が高く、これら２つの町場も肥前千葉氏の本拠の構成要素として把握できるだろう。おそらく肥前千葉氏は、先行して存在したこれらの町場に近接する円通寺付近に屋敷を構え、これらを興行することでその掌握を図ったと考えられよう。

小城郡の中に肥前千葉氏の本拠を位置づける

　ところで、肥前千葉氏はなぜ円通寺一帯に本拠を形成したのだろうか。このことを考える上で注目されるのが、ここが北郷井と宝司井という２つの用水の上流部に位置し、これらの用水を押さえる立地にあるという点である。

　かつての小城郡に相当する現在の小城市の平野部にある耕地の大部分は、祇園川から取水する複数の用水によって灌漑されている。これらの用水のうち最大の灌漑域を持つのが北郷井であり、宝司井はそれに次ぐ灌漑域を持つ。図２は、現地での水利灌漑調査に基づき、これを具体的に示したものである。この２つの用水は、小城郡の耕地の大半を灌漑する、最も重要な用水であることが理解できよう。

　この２つの用水について触れる中世の文献史料は、管見の限りでは確認できない。しかしながら、その重要性に鑑みると、これらの用水は中世のみならず古代にまで遡る可能性がきわめて高いと考えられる。そして、現地在住の方のお話によると、祇園川から取水する用水は取水口が上流に設置されている方が取水権が強く、かつ同一用水内での水利権も上流の耕地の方が強いという。すると、北郷井と宝司井は祇園川の最上流に取水口を持つことから、最も取水権が強い用水とわかる。また、円通寺一帯は北郷井と宝司井の上流部に位置することから、これらの用水の強い水利権を持つことが知られる。こうした慣習は、前近代以来のものであることは間違いない。

　これらのことに鑑みると、肥前千葉氏が円通寺一帯に本拠を形成した最も大きな理由は自ずと明らかになるだろう。すなわち、肥前千葉氏は円通寺一帯に本拠を形成することで、小城郡において最も取水権が強く、かつ同郡の耕地の大半を灌漑する北郷井と宝司井の水利権を握り、同郡の農業生産を掌握して同郡内に所領を持つ他の勢力に優越する立場を築こうとしたと考えられるのである。

おわりに

　中世史研究にとって、中世の文献史料は不可欠な材料であることはいうま

でもない。しかしながら、中世武士の本拠復元のように、地域社会の実態について追究しようとすると、どうしても史料的制約という壁に直面する。その際、近世や近代の文献史料のほか、出土遺物や仏神像・石造物、そして聞き取りや水利灌漑の調査を内容とするフィールドワークは、この壁を乗り越えるための有効な手段となりえるのであり、本稿はこのことを具体的に示したつもりである。

　このようなフィールドワークは、専門領域を異にする研究者たちが連携する学際的な調査研究として行われる。個々の資料から引き出せる情報には限界があるが、性質の異なるそれぞれの資料から引き出した情報を照合して総合化すると、個々の資料からは見えなかった世界が見えてくることがある。これが学際的な調査研究の魅力だが、残念ながら現在、学際的な調査研究は決して盛んに行われているわけではない。自分の専門とする研究領域の足もとをしっかりと見据えつつ、学際的なフィールドワークに関心を持つ若い研究者が現れ、地域史研究が活性化することを願ってやまない。さあ、一緒にフィールドに繰り出しませんか。

参考文献

入間田宣夫「撫民・公平と在地社会」『中世武士団の自己認識』三弥井書店、1998年、初出1987年

海津一朗「中世在地社会における秩序と暴力」『歴史学研究』599号、1989年

齋藤慎一『中世武士の城』吉川弘文館、2006年

清水亮「鎌倉期地頭領主の成立と荘園制」『鎌倉幕府御家人制の政治史的研究』校倉書房、2007年、初出2006年

髙橋修『信仰の中世武士団―湯浅一族と明恵―』清文堂出版、2016年

田中大喜「肥前千葉氏の本拠形成と領主支配」『国立歴史民俗博物館研究報告』245集、2024年

中澤克昭「出土鉄鏃と武士の職能」『狩猟と権力―日本中世における野生の価値―』名古屋大学出版会、2022年、初出2006年

山本隆志『東国における武士勢力の成立と展開―東国武士論の再構築―』思文閣出版、2012年

日本史

徳川将軍論から見た近世日本

小川 雄 Ogawa Yu

はじめに

　近世日本（江戸時代）の秩序は、徳川将軍家（江戸幕府）を頂点として、大小の大名が結集することで成り立っていた。封建制・武家政治という点は、中世の鎌倉時代・室町時代から連続している。

　その一方で、日本史において、近世という時期区分は、英語で「early modern」と表現されており、研究者の関心も、19世紀中頃以降の急速・円滑な近代化の前提がいかに形成されたか（あるいは、何が近代化を滞らせていたか）を探ることに注がれている。また、近世の中期からは、史料が格段に充実してくるため、意欲次第であらゆる研究が可能であるといっても差し支えない。

　ところが、近世国家の中心に位置した徳川将軍家の歴代15人については、一部の強烈な個性の持主を除き、執務に熱心ではなく、実権は乏しかったという印象論が先行している。しかし、史料や事実関係を詳しく検討していくと、幼年者を別とすれば、各将軍は最高権力者としての自覚を持ち、政務に臨んでいたようにも見える。本論では、意外と注目されない歴代将軍の政治姿勢を通じて、近世日本の展開を素描したい。

国衆・戦国大名から統一政権へ（17世紀初頭まで）

　徳川将軍家の原型は、戦国時代に形成された。この時代の日本列島では、過酷な動乱に適応して、各地に領国・家中（一族や非血縁の家臣）で構成された「国家」が多数群立するようになった。現在の研究では、古代律令国家の行政区分における国（近代以降の都道府県に相当）と同等以上の領域を経営する「国家」を戦国大名、

数村から数郡の領域を経営する「国家」を国衆に分類している。
　家康は西三河の国衆である松平氏の当主を出発点として、次第にほかの国衆を従属させ、まず三河国の戦国大名に成長し、さらに戦国大名との対決を通じて、東海・甲信の両地方に及ぶ巨大な「国家」を形成した。
　その過程で、家康と同盟関係にあった織田信長は、畿内を中心に列島最大の「国家」を築き、やがて足利将軍家に代わって、新たな武家政権を創出した。信長の没後は、重臣の羽柴（豊臣）秀吉がその事業を引き継ぎ、大坂を本拠として、自己の「国家」を経営しつつ、日本列島全域の「国家」を従属させ、戦国時代の動乱を収拾した。現在、信長の政権は「織田政権」、秀吉の政権は「豊臣政権」と称されており、「織豊政権」と一括されることも多い。
　家康は1570年代中頃から織田政権、1580年代中頃から豊臣政権に従属することで、「国家」の存続を認められた。1590年代に豊臣政権は家康の「国家」を東海・甲信から関東に移転させたが、家康は江戸を本拠に再設定し、豊臣政権の東国経略を支えながら、諸大名で最大の「国家」を経営した。そして、豊臣政権が対外戦争の失敗と後継問題の迷走で求心力を衰えさせると、家康が「国家」統合体制を引き継ぐことになった。

徳川将軍家と幕藩国家の成立（17世紀前半）

　家康は17世紀初頭に征夷大将軍に任官して、織豊政権によって一旦中断していた幕府体制を再起動させた。もっとも、それは鎌倉幕府・室町幕府への回帰を意味するものではなく、列島全域の「国家」連合の中核となる自己の「国家」に幕府という表装をまとわせたものであった。
　こうして家康が創出した政治秩序は、現在、「幕藩国家（体制）」とも称されている。徳川将軍家の「国家」である幕府に対し、従属する諸大名の「国家」について、中国の藩（王朝のもとで一定の空間で自治を行う王侯・軍閥など）と同様の存在に位置づけることで、幕府（将軍家）と藩（大名）の主従関係を基礎とする日本列島のゆるやかな政治的統一または中央集権と地方分権の融合を表現しようとする学術用語である。

徳川将軍家のもとで存立した諸大名は、基本的に一門・譜代と外様に二分される。さらに一門・譜代大名は、①将軍家から分与された領地・家臣をもとに「国家」を立ち上げた家、②戦国大名段階の徳川氏から「国家」の存立を認められた国衆の系譜に分かれる。その一方で、外様大名についても、①織田氏・羽柴氏の家中で「国家」を形成した家、②織豊政権・徳川将軍家に従属した戦国大名・国衆の系譜に分かれる。

　歴代将軍のうち、家康（初代）・秀忠（2代）・家光（3代）の治世は、こうした幕藩国家の大枠を作り、それなりに安定的に運営するための規範（武家諸法度など）を整えていくことに費やされた。その過程で、多数の大名が改易されたが、一門・譜代も少なからず改易されている。徳川将軍家が権力を固めるために意図的に外様を排斥したわけではなく、戦国時代の感覚や慣習から脱けきれずに新たな規範に適応できない大名が淘汰されていったのが実情であった。また、将軍家の規範運用にも、未熟な面があった。よって、17世紀後半以降に、大名の改易（および懲罰的な転封・減封）が稀となったのは、将軍家・諸大名がともに成熟してきたことを示している。

危機の時代と改革路線の展開（17世紀後半以降）

　徳川将軍家の継承は、家綱（4代）の代から危機の時代を迎える。
　家康→秀忠、秀忠→家光の代替りでは、前将軍（家康・秀忠）が大御所として実権を保持し、現将軍（秀忠・家光）の成長に応じて、権力の移譲や幕閣の世代交代が進められ、大御所の死去とともに将軍の親政が始まった。しかし、家光は将軍職の譲渡前に死去しており、家綱はまだ10代前半で将軍家を相続することになった。徳川将軍家にとっては、満足に指導力を発揮できない年少者を将軍に戴く最初の事態であった。
　徳川将軍家はこの危機を乗り越えるために、一門の保科正之に家綱を後見させつつ、家光時代の大老・老中に政務を継続させた。そして、家綱は成人すると、徐々に同世代の側近を老中に登用していった。のちに綱吉（5代）を大老として補佐する堀田正俊などである。
　ところが、1680年代に入ると、徳川将軍家はより重大な危機に直面した。

家綱が嫡子をもうけずに死去し、直系相続が４代目で途絶えたのだ。異母弟の綱吉が将軍家を相続したものの、正統性に傷がつくことは避けられなかった。洋の東西を問わず、君主の正統性は、父から子への相続の積み重ねによって深まっていく。しかし、家綱→綱吉という傍系によって、将軍家は直系相続をやり直さねばならなくなった。

　綱吉は治世の初期に農村支配の合理化・公正化を中心とする改革路線を展開しており、これらは後世に「天和(てんな)の治」と称された。また、中期以降も生類憐(るいあわ)れみの令や貨幣の増鋳など、意欲的な政策を打ち出した。綱吉は一連の改革を通じ、傍系ながら将軍家を継いだことで生じた正統性（血統）の不足を正当性（実力）で補完しようとしたのである。

　しかし、綱吉も実子に夭折(ようせつ)され、甥（兄綱重(つなしげ)の子）の家宣(いえのぶ)を後継者に据えざるを得なかった。その家宣も、正当性で正統性の問題を補うべく、綱吉の政策に修正（生類憐れみの令撤回、貨幣の品位向上など）を加えつつ、「正徳(しょうとく)の治」と称される改革路線を展開した。

　また、綱吉は幕政の運営に側用人(そばようにん)政治という新機軸を盛り込んだ。

　家康以来の歴代将軍は、個人的に信頼する側近を老中（初期は「年寄(としより)」）に登用し、政務を差配させてきた。しかし、こうした手法は、代替りのたびに前代の重役に対する粛清が行われるリスクも伴った。また、年代の経過とともに、譜代大名の家格・序列も固着化に向かっており、代替りごとに将軍が恣意的に変更することは控えるべきだった。

　そこで、綱吉は将軍家相続前よりの家臣から牧野成貞(まきのなりさだ)・柳沢吉保(やなぎさわよしやす)を側用人に登用し、「奥」（将軍の私的空間）の差配を委ね、老中を中心とする「表」（政務・儀礼の空間）との折衝にもあたらせた。これによって、前代までに形成された譜代大名層から老中を登用しつつ、側用人の取り次ぎを通じ、自己の意向を幕政に反映させる仕組みを作ったのだ。

　また、家宣以降の歴代将軍も、側用人（吉宗(よしむね)以降は御用取次役(ごようとりつぎやく)も追加）を介した政治指導を大なり小なり踏襲した。そして、「表」と「奥」が相互にチェック機能を働かせることで、政策を適宜修正する構図も繰り返された。一方で、後世に「失政」と評される政策については、「奥」「表」の均衡が崩れた状況の中で打ち出される傾向も指摘できる。

将軍家の王統交代と改革路線の完成（18世紀前半）

　家宣（6代）とその子家継（7代）の治世は短く、さらに家継の夭折によって、吉宗（8代）が紀伊徳川氏から新将軍に迎えられた。従来の将軍家は、家康の三男秀忠（2代）の男系子孫によって継承されてきたが、紀伊徳川氏は家康の十男頼宣を祖としていた。つまり、吉宗の将軍就任とは、将軍家の王統交代を意味する事態であった。一般的に、吉宗が家康と並ぶ「偉大」な将軍と認識されているのは、その政治的実績のみならず、近世中後期を通じ、新しい王統の祖として、ことさらに「偉大」に演出されてきた影響が強い。

　実のところ、「秀忠王統」との連続性（正統性の拠所）を重視するならば、家康の九男義直を祖とする尾張徳川氏から新将軍を迎える方が適切だった。家光（3代）の息女千代姫が尾張家の光友（義直後継）と結婚し、「秀忠王統」の血が尾張家に導入されていたからだ。

　しかし、家継が夭折した段階で尾張家当主だった継友は、政治経験が不足しており、将軍権力を行使する上での適性は未知数だった。その一方で、吉宗は紀伊家相続から約10年にわたって藩政を指導し、水準以上の治績をあげていた。つまり、「秀忠王統」との遠近という「正統性」よりも、いずれに指導力を期待できるかという「正当性」が優先された結果として、「吉宗王統」が成立したのだ。

　こうした経緯から、吉宗はその「正当性」を明示すべく、「享保改革」と称される改革路線を展開した。これは、綱吉の「天和の治」、家宣の「正徳の治」を引き継いだものであった。吉宗が将軍家中興の「名君」となりえたのは、個人的な見識・力量に加え、綱吉・家宣の試行錯誤を鑑として、最適解を導きやすかったという背景がある。さらに吉宗が政務に関する熱意を保ちながら、長期間にわたって在位し、軌道修正を繰り返したことも、先行する改革よりも後世における評価を高くした。

　また、「天和の治」から繰り返されてきた一連の改革により、徳川将軍家は家康以来の軍事的優位で諸大名や武士・民衆の上に君臨する「武断政治」の姿勢を相対的に後退させ、有効な社会政策・経済政策を打ち出し、諸階層の生活を持続・発展させることで、支配を正当化する「文治政治」「仁政」

の姿勢により重きを置くようになった。

「吉宗王統」の危機（18世紀後半）

　吉宗は、「表」の老中（譜代大名から登用）と「奥」の御用取次役（紀伊時代の側近から登用）を均衡させ、改革路線を進めたが、御用取次役の中心だった有馬氏倫が死去すると、「表」「奥」の均衡は崩れてしまった。その結果、享保改革の末期には、百姓の生産力をゴマの油に喩えたとも伝えられる年貢の収奪強化が「表」の主導で尖鋭化していった。これは、社会的な反発も招き、特に畿内においては、百姓が天皇に将軍家の「失政」を諫めるように働きかける動向すら生じた。天皇への社会的期待が次第に高まり、やがて近代国民国家の中核に位置づけられていく過程の萌芽的状況にあたる。

　吉宗もまた自身の「失政」を自覚しており、嫡子の家重（9代）に将軍職を譲って、家重に年貢増徴を推進した老中首座の松平乗邑を更迭させた。君主の代替りを政治改革や失政是正の機会に利用してきた古代以来の慣習にならい、約30年に及んだ治世の幕引きとしたのだ。

　次代の家重は、健康状態や発声機能に重大な不安を抱えていたために将軍職相続も遅れたとされる。それでも、家重の在位は15年で、吉宗の半分程度ながら、家宣・家継の倍以上に及んだ。この間に吉宗政権後期に崩れた「表」と「奥」の均衡を回復し、概ね安定的に政務を運営した。大きな問題を起こさず、「無為」の政治を保つことは意外に難しい。家重と「表」「奥」の閣僚が相応の努力を払った結果だった。

　家重は御用取次役から側用人に昇格させて重用した大岡忠光の死去を機に引退し、嫡子の家治（10代）に将軍職を継承させた。家治の治世は、一般に「田沼時代」と表現されることが多い。これは、側用人と老中を兼任した田沼意次が幕政を主導したという認識に基づいている。

　もともと、田沼意次は家重の「奥」を支えた御用取次役の1人で、家治の代にも留任して、やがて側用人に昇進し、さらに老中も兼ね、「表」「奥」双方の第一人者となった。「田沼時代」という表現は、あたかも将軍が政治に関心を持っていなかったような印象を与える。だが、意次は軽輩から取り立

てられており、その台頭は、「奥」に比重を置いた幕政を展開しようとする家治の意図を示すものであった。

「田沼時代」の幕政は、殖産興業を進めながら、商業・流通からの収入を強化した重商主義路線として、近代以降は積極的に評価される傾向が強い。その一方で、将軍家の利益を前のめりに希求する姿勢は、少なからぬ批判も生じさせた。吉宗政権末期と同じく、「表」「奥」が均衡しなくなったことは、幕政のあり方を積極化させつつも、問題点も大きくしたのだ。

しかも家治治世の終盤には、フランス革命にも影響を及ぼした小氷河期、浅間山の噴火とその降灰が相乗して、天明の大飢饉を引き起こし、家治政権は適切に対応できず、おびただしい餓死者を出し、江戸城下で民衆が大規模な暴動を起こした。こうした状況の中で、家治が急死して、その信認を拠り所とした田沼意次も失脚した。

さらに家治は、実子の家基に先立たれており、吉宗が創出した御三卿の一角たる一橋徳川氏から養子に入っていた家斉（11代）が新将軍となった。つまり、「吉宗王統」の直系は3代で途絶えて、将軍家は4度目の傍系相続を経験したのだ。家治政権の「失政」とあわせ、正統性（血統）と正当性（実力）の両面で危機的な事態を迎えたといえよう。

「吉宗王統」の再生（18世紀末頃〜19世紀前半）

従来、将軍家は傍系相続に際し、正統性の不足を改革の成果で補ってきたが、家斉は将軍家相続の段階で10代半ばであり、まだ指導力を発揮することは難しかった。そのため、従伯父にあたる松平定信が将軍後見と老中を兼ね、政治改革を進めていくことになった。三大改革のうち、「享保改革」に次ぐ2番目として知られる「寛政改革」である。

松平定信の出自は、御三卿の田安徳川氏にあり、めぐり合わせ次第で将軍になりえたのだが、養子として陸奥白河藩（家康異父弟の系譜）を継いだ経緯があった。それでも天明の大飢饉に際し、白河領の被害を最小限にとどめたことで声望を高め、幕政改革の指導者に迎えられた。

しかし、定信の幕閣入りは、家斉の年少を前提としており、家斉の成長に

合わせ、数年で将軍後見と老中を解任された。以後も、定信の同志で構成させた幕閣が改革の軌道修正にあたったが、やがて水野忠成が家斉の側近から老中首座へと累進し、政務の中心を担うようになった。

家斉の治世は、約半世紀にも及び、歴代将軍でも最長にあたる。その一方で、家斉は政治に関心が無く、寛政改革が展開した最初期のほかは、ただ長いだけの無為にして退廃の時代だったと論じられがちである。しかし、水野忠成の重用は、信頼する側近を然るべき地位に引き上げ、手腕を振るわせるという、家康以来の伝統を踏襲したものである。

また、水野忠成の執政期には、関東における領国の枠組みを越えた農村経営を志向した文政改革、経済規模の拡張に応じた貨幣の増鋳など、注目すべき施策が打ち出されている。町人文化の最盛期とされる化政文化も、寛政改革の時期を別とすれば、幕政が民衆の生活に過度に干渉せず、概ね鷹揚な態度をとったことを背景としたものである。

よって、家斉については、改革の試行錯誤を持続的に繰り返し、「吉宗王統」の危機を克服した中興の祖であったと見なすこともできる。

「外患」の時代と徳川将軍（19世紀前半）

家斉は半世紀に及んだ治世を経て、子息の家慶（12代）に将軍職を譲渡し、大御所として後見した。こうした点でも、家斉は家康以来の伝統的な将軍政治のあり方（漸進的権力移譲）を再興したといえる。

その一方で、家斉の晩年においては、アヘン戦争の情報が入り、幕藩国家にきわめて大きな衝撃を与えた。17世紀以降、東ユーラシア地域最大の強国として君臨してきた清ですら、軍事革命を繰り返してきたヨーロッパに対抗できない。その事実は、以前からヨーロッパ船の接近が増えつつあった状況と相乗して、「鎖国」体制下の日本でも、深刻な「外患」の時代が到来したという認識が広まることになった。

そして、大御所家斉が死去すると、家慶は親政を開始し、「外患」に対応しうる態勢を整える改革の開始を宣言し、老中首座の水野忠邦に指揮を委ねた。三大改革の最後にあたる「天保改革」である。

しかし、この「天保改革」は、短期間で頓挫した。有事に備えて、諸大名の所領を整理する上知令が強烈な反発を招き、家慶は上知令を撤回し、水野忠邦を更迭してしまったのだ。そもそも、諸大名の「国家」存立に重大な影響を及ぼす変革を断行するには、公論（社会全体の合意・支持）の形成が必須だったが、徳川将軍家はその術を持たなかった。

　もっとも、家慶は「天保改革」の頓挫後も政治的無策に陥ったわけではない。阿部正弘を老中首座に据え、関東を中心に海防の整備をゆるやかに進めさせ、東ユーラシア情勢の最前線にあたる九州でも、肥前鍋島氏・薩摩島津氏の申請に応じて、西洋技術の研究・導入を承認した。政局の安定と漸進的改革を両立させた点で、家慶は「最後の将軍らしい将軍」だった。

徳川将軍家の終焉（1850年代以降）

　幕藩国家の安定的運営は、重武装の蒸気船で構成されたアメリカ合衆国のペリー艦隊が三浦半島の浦賀に来航し、徳川将軍家に国際条約の締結を受容させたことで終局を迎えた。徳川将軍家の本質は軍事政権であり、武力の優越を演出しながら、諸大名の盟主として振る舞ってきた。しかし、アメリカ合衆国の砲艦外交に屈して、国際条約の締結に応じ、以後もヨーロッパ諸国と相次いで条約を結んだ結果、武力の優越は虚構に過ぎなかったという認識が広まり、その権威は深く傷つけられた。

　また、家慶はペリー艦隊来航に衝撃を受けたかのように急死し、子息の家定（13代）が将軍家を相続したものの、家定は健康状態に深刻な問題を抱えており、指導力を十分に発揮できず、次の将軍となる実子の出生も難しかった。そのため、後継者の選定が政治問題化し、紀伊徳川氏の家茂（14代）と、一橋徳川氏の慶喜（15代）が有力な後継者となった。

　家茂・慶喜のうち、家茂は「吉宗王統」の血統に連なっていたが、慶喜は水戸徳川氏を実家としており、「吉宗王統」の血統を引いていなかった。それでも、かつて「秀忠王統」の血統ではない吉宗が将軍となったように、難局を打開しうる才能の持主として期待されたのだ。

　結局、家定は「吉宗王統」の継続を重視し、家茂を後継将軍に指名して死

徳川将軍論から見た近世日本　　107

去した。もっとも、家茂は年長の慶喜を補佐として政権運営に参加させ、死去時に「吉宗王統」に連なる家達（近代に徳川氏宗家を継承）ではなく、慶喜を後継将軍に指名したとされる。幕末の政情は、家茂に正統性よりも正当性を優先すべき局面と判断させた模様である。

家茂と慶喜の両政権は、公論の形成を重大な課題とした。欧米主導の国際秩序に日本が対峙していくには、従前の幕政改革よりも抜本的な変革を必要とした。その遂行には、将軍とその周囲（老中・側用人）による専断ではなく、有力大名による合議など、より広範な合意に基づく体制を構築すべきという認識が社会全体に共有されつつあったのだ。

また、家茂と慶喜の両人は、歴代の将軍よりも、天皇を尊重する態度を示した。そもそも、徳川将軍家に正統性（将軍職）を付与しているのは天皇であり、本質的に「国家」の１つでしかない徳川将軍家よりも、公論形成の中核としてふさわしいという期待感が諸大名や民衆の間で高まっていた。そこで、家茂・慶喜とも、天皇を尊重して、その委任のもとで公論形成を主導しようとしたのだ。慶喜が大政奉還を行い、最終的に維新政権に屈服するのは、こうした路線の帰着でもあった。

おわりに

日本の近世史においては、歴代の徳川将軍について、知名度の高い一部のほかはあまり重要視されず、むしろ農民・町人などの民衆の動向によって、政治や社会・経済のあり方が規定されたという「ボトムアップ」の議論が好まれる面がある。しかし、歴代の将軍は、最高権力者たる自覚を持ち、それぞれ「トップダウン」を試みていた。近世日本に限らず、歴史というものは、「トップダウン」「ボトムアップ」の均衡・調和やせめぎ合いという観点から、読み解いていく必要がある。

日本史

日本近現代史 研究の特徴と面白さ

Furukawa Takahisa
古川隆久

近現代史研究の特徴

　日本史に限らず、近現代史の研究には、前近代の歴史の研究とは異なった特徴が少なくとも3つある。

　1つは、社会のあり方が、それより前の時代とは根本的に異なる、現在にかなり近い形になったということである。

　その最大のきっかけは18世紀末に起きたフランス革命である。国土と国民からなる近代的な意味での国家（近代国家、歴史学では国民国家とも呼ぶ）が誕生し、それを運営していくために、法治国家、法の下の平等、義務教育、国民軍（徴兵制）といった考え方や仕組みが生まれた。つまり、今の我々の常識から類推可能な社会が生み出され、それが望ましい社会のあり方として普及し始めたのが近代なのである。そして現代でもこうした社会のあり方は、様々な変化や批判はありながらも基本的には続いている。

　なお、近代と現代の分け目について、日本の高校教育では、第二次世界大戦の終結で区分している。しかし、その時に生きている人が、今日までは近代、明日からは現代などと意識して生きているわけがない。時期区分というのは、あくまで人間が歴史を整理して考えるための手段であって、実態ではない。

　もう1つは、歴史を研究する材料、すなわち史料の種類の問題である。歴史を研究する上で史料として必須なのは、まずは考古遺物、そして人類が文字を使うようになってからは文字で記されたものである。紙に記された文書のほかに、石などに刻まれた金石文もある。そしてさらに絵図、彫像、建築物、土木遺構などもある。歴史学の研究対象は人類社会の過去であり、史料とは要する

に人間が人為的に残したものなのである。

　近代においては、科学技術の進展により、史料に新たな種類が加わる。写真、動画、音声記録など、その当時の人が見たり聞いたりした形にかなり近い状態を再現できるという特徴を持った史料が登場したのである。写真や動画は化学反応を応用して始まり、音声記録は当初は物理現象、のちには電気信号の特性を応用して可能となった。いずれにしろ、科学の力で、その当時の人が見たり聞いたりした形にかなり近い状態を再現できるという特徴を持った史料が出現したのが近代なのである。

　そして最後に、文字で書かれた史料は古代からあるが、その量が飛躍的に増えたのは近代である。学校教育の普及によって、従来よりはるか多くの人々が共通の言語（国語）を読み書きできるようになり、科学技術の進展によって、文字を読む手段や書きとめる手段も安価かつ大量に供給されるようになったからである。特に、新聞や雑誌のように、頻繁かつ定期的に大量の情報を文字主体で多数の人に伝達でき、保存もできる手段の出現と普及は、社会のあり方に影響を与えるだけでなく、歴史研究にとっても大量の史料の出現という形で影響を与えている。

劇映画を史料として昭和戦時期の歴史を研究する

　以上のような近現代の人類社会の特徴を踏まえた歴史研究の一例として、劇映画や映画雑誌を史料として、映画を手がかりにある時期の社会のあり方を考えることができることを示したい。

　古川は2003年に著書『戦時下の日本映画』を刊行した。1937（昭和12）年7月の日中戦争勃発から1945年8月の敗戦まで、切れ目なく戦争が続いた時期を戦時期と捉え、この時期の国民（正確にいえば若年層の国民）に最も人気ある娯楽が映画（劇映画）とされていたことを踏まえ、映画をめぐる政府（と映画評論家）、映画産業、観客の関係の移り変わりを探ることから、当時の日本社会の歴史像を捉え直そうとしたのである。

　そのようなことを思いついたのは、大学院生の頃（1980年代末）のある日、NHKの衛星放送で偶然見た『孫悟空』という1940年製作の喜劇映画が、デ

ィズニーのアニメ(『三匹の子ぶた』と『白雪姫』)の引用もある、意外な面白さで記憶に残っていたところ、2001年に、これも偶然目に入った新聞広告で、この映画を含む戦時下の日本映画のビデオを通信販売で購入できることを知ったことがきっかけである。

東京・浅草六区の映画街(東京都立中央図書館蔵)

　戦時下というと、ひもじく暗い生活というイメージで、しかも昭和の戦時期といえば太平洋戦争からの連想で、日本人はみんな鬼畜米英とイメージしがちである。しかし、少なくとも太平洋戦争が始まる前は軍需景気のような現象が起きていたことはすでに知っていた。では当時日本に暮らしていた人々は何をどう感じて生活していたのか。昭和戦時下の映画と国家や社会の関係を調べ、考えることでわかるのではないか、そう考えたのである。

　近現代史で史料というと、高校の教科書には、当時出された法令、外交文書、総理大臣の声明、天皇の発した文書(勅語、詔書など)、新聞記事、経済統計、学者や思想家の論説などが多く使われている。近現代史に少し詳しくなれば、政治家や作家の日記や手紙も史料としてよく使われていることに気づくだろう。

　劇映画は動画で物語を進める創作物であって、作られた時点の世の中の状況を記録する目的で作られるものではない。それに物語を読み取るのは国語という科目でやることなのだから、物語を映像化した劇映画も歴史学で史料として扱うのは難しいのではないか、そう思う方もいるだろう。

　実際、『戦時下の日本映画』を刊行して間もなく、映画研究者や映画評論家から、「ある局面においては政治性の薄い「娯楽」として受容されていたフィルムが、別の局面においては政治的なプロパガンダとして機能していた可能性が看過されかねない」とか「もっと著者の作品分析をだしてほしかった」などと批判された(古川「新装復刊にあたって」『戦時下の日本映画』新装版)。劇映画は解釈し鑑賞するものという先入観があるのである。

しかし、劇映画はそのようにしか扱ってはいけないという法律はない。歴史研究者にとって大変ありがたいことに、当時発刊されていた映画雑誌の中でも最有力と目される『キネマ旬報』(現在も存在している) という雑誌(『旬報』なので10日毎の刊行だから月3回刊、現在は月刊)の記事からは、当時の観客の様子と、それに対する映画評論家の意見がわかる。

　この雑誌は、新作映画(日本製および外国から輸入されたもの)のあらすじや映画評論家の批評、映画の製作状況に加え、各地の映画館の様子(観客の様子を含む)や映画製作会社の製作方針に関する映画評論家の評論だけでなく、1930年代中頃から「映画館景況調査」などという題目で、10日ごとの主要都市の主な映画館(新作を上映する映画館)の番組と売り上げ、観客の様子などが連載されていた。映画ファンのみならず、映画館経営者や映画製作会社の関係者も読者として想定されていたことがうかがえる。

　1938年から翌年にかけて、当時の日本映画界で最大の興行収入をあげたのは、当時の有力映画会社の1つ(今でもそうだが)である松竹映画製作の『愛染かつら』3部作(前後編・続編・完結編)であったが、その好評ぶりが同誌の記事からよくわかる。

　この作品は、ある大病院の院長の息子でその病院に医師として勤める津村浩三とその病院の看護師で、一人で女児を育てていた高石かつ枝の恋愛物語である。大衆雑誌『キング』の版元として有名な講談社の女性向け人気雑誌『婦人倶楽部』に掲載した人気連載小説が原作で、津村を上原謙、高石を田中絹代という松竹映画のトップスターが演じた、大衆的な恋愛物語(メロドラマ)である。現存するのは総集編だけだが、これらの映画は、著作権保護期間が終了しているため、インターネットで映画タイトルを検索すれば、参照できる場合がある。

　1938年9月公開の前後編の好評ぶりは、翌年初夏の『キネマ旬報』に載ったある映画評論家の以下の文章からわかる(漢字・かなづかいは現代風に改変)。当時、映画館のほとんどは都市部にあったことを念頭にお読みいただきたい。

　　「愛染かつら」は良く稼いだ。映画とは縁の遠い山の温泉町でさえ、

宿の女中達は「愛染かつら」の話に花を咲かせ、またあの低調極まりなき主題歌は［中略］遠く僻村の女たちの口にまでのぼっている。

　1939年5月に公開された続編も、東京下町の歓楽街浅草にあり、ふだんは松竹歌劇団のレビュー（歌と踊りを中心としたショー）の会場である定員3000人の国際劇場でも殺到する観客をさばききれず「交通巡査までが臨時出張するという破天荒の好況」で、11月に公開された完結編も、北九州の福岡市の映画館で、「素晴しいヒット振り」で、「客席の七分以上が華やかな女客」で、「画面と共に泣き、笑い、溜息をつく」という様子だったことが、「映画館景況調査」欄の記事からわかる。

　しかし、映画評論家たちは「今更催涙映画の陳腐さ」、つまり単に観客の涙を誘う映画は無意味だと同誌上で批判した。先ほどの引用で、『愛染かつら』の主題歌を「低調極まりなき」と評しているのも、同じ立場からのものである。映画を、いかがわしいサブカルチャー（校則で映画館に行くことを禁じている学校が少なくなかった）から、芸術として社会から認知させることに熱心だった当時の映画評論家たちは、金儲け優先で芸術性に欠ける娯楽映画を批判することがむしろ普通だった。

　しかもこうした状況と並行して、国民の戦争協力がまだ不十分と考えていた政府は、映画を国民の精神面での統制を強化する手段として活用すべく、映画の製作・上映を政府が統制できるよう映画法の制定を進め、1939年4月に公布した。映画評論家たちは、この措置を、映画の質の向上に資する側面がある、つまり、くだらない映画が減ってまじめな芸術作品が増えるチャンスと考えて反対しなかった。

　こうした動向に対し、松竹映画の社長城戸四郎は、「大衆作品に対する非難の声」は、「汗みどろ、血みどろに成って国家の原動力として働く勤労生産階級から最も安易な唯一無二の娯楽を奪はんとする」と、やはり『キネマ旬報』で反論した。

　つまり、一般の人々の多くは映画を娯楽として考えていたが、社会の指導的立場にいると自認する人々は、映画を国民を動員したり教育する手段と考えていたことが、史料としての映画や映画雑誌から浮き彫りになるのである。

こうした状況は、太平洋戦争期になっても変わらなかった。太平洋戦争開戦から１年少々経った1943年１月の正月興行では、東宝製作の『伊那の勘太郎』が、１カ月前に公開されて大ヒットした、同じ東宝製作で海軍が全面協力した国策映画『ハワイ・マレー沖海戦』（太平洋戦争開戦初頭の海軍の戦功を描いた劇映画）を事実上しのぐ大ヒットを記録した。

　この作品は幕末の伊那地方（現在の長野県）を舞台とする時代劇で、主演は当時若い女性に圧倒的な人気を誇っていた美男スター長谷川一夫。長谷川扮するやくざ同士の抗争で死んだと思われていた勘太郎が、幕府に追われる尊王攘夷派の用心棒として故郷を通りかかり、昔の恋人の窮地を救って去るという物語である。映画法の規定に基づき、やくざ映画はすべて非一般用映画（子供は観覧禁止）に指定されていたので、この映画も非一般用映画であった。それにもかかわらず太平洋戦争中では最大級のヒットを記録した。

　『キネマ旬報』が雑誌統制で廃刊となった後を引き継いだ『映画旬報』の「正月興行概観」によると、この映画を上映した浅草の映画館では「群衆は文字通り十重にとりかこみ、館員はその整理に右往、左往するうちに、予告ウインド［次回の上映映画のポスターが張り出してある場所］のガラスは壊れる。『アレー！』といふ女の悲鳴は押しくら饅頭に胸がつまりそうな御婦人」という調子であった。劇中、勘太郎が仇敵のやくざに啖呵を切るシーンからは当時の人気ぶりが想像できる（16分20秒頃から。本作もインターネットで視聴できる場合がある）。

　映画や雑誌から、このように過去の人々の生きざまが浮かび上がる。ではその歴史的意味は何だろうか。こうして戦時下でも楽しみがあったからこそ、皮肉にもつらいはずの戦争を続けることができてしまったのではないだろうか。本当にそうなのか、その要因だけで戦争が続けられるものなのだろうか。研究はまだまだ続く。

『昭和天皇拝謁記』から象徴天皇制の形成史を研究する

　もう１つ、文字史料が飛躍的に増えたことの１つの例として、『昭和天皇拝謁記』を取り上げたい。これは、1948年６月から宮内府長官として、1949

年6月からは初代宮内庁長官として事実上昭和天皇の側近を務めた田島道治が、1949年2月から、田島が長官を退任する1953年末までの昭和天皇との会話を詳細に記録した史料で、分量は約1000万字に及ぶ。2019年にその存在をNHKが報じ、その生々しい内容が大きな反響を呼び、のちに関係史料とともに7巻本として刊行された。

　昭和天皇は、敗戦という重い現実を踏まえ、大日本帝国憲法から日本国憲法へ、つまり天皇主権から国民主権への国のあり方の大転換自体は受け入れていた。しかし、東西冷戦の中で占領下から独立回復に至る1950年前後の日本の揺れ動く政情に対し、昭和天皇はかつてのファシズムの時代を思い出して憂慮していた。それに対応したのが、史上初めて民間から宮中の事務責任者となった田島である。田島は、皇室を国民主権の新日本にふさわしいものに作り変えようという芦田均首相の強い思いから宮中に送り込まれたのである（『昭和天皇拝謁記』第1巻の茶谷誠一氏の解説）。

　そうした背景を踏まえて、次の昭和天皇と田島のやり取り読んでみてほしい。『昭和天皇拝謁記』第5巻にある1953年5月18日の記事である。独立回復から1年余りの時期で、当時の首相は吉田茂（第4次吉田茂内閣）、文中に出てくる「重光」は、元外交官で当時の野党改進党の総裁となっていた重光葵である。4月の総選挙で吉田率いる自由党は比較第一党ではあったが過半数を割り込み、連立政権が必至となった。しかし、重光は自分を首班とする連立政権樹立を主張し、紛糾していた（黒澤良「政党政治の凋落と再生」）。

　「新聞だけでの話で、本当に本人にあつて見なければいへない事だが、重光の態度はどういふものかネー。国の大局の上で物を考へないやうだ。〔中略〕何とか私の意見として重光にいひたいやうに思ふけれども」と昭和天皇が田島に話しかけると、田島は「陛下は一番国本位でお考になりますので何とか御意思を伝へられますればと存じますが、之は憲法上絶対不可能の事であり〔中略〕下手な事を致しますれば累が陛下に及びますし、如何に残念でありましても此際下手に動く事は駄目と存じます」と返答した。田島は、政治への干渉は、天皇は「国政に権能を有しない」という日本国憲法第4条に違反すると諫めたのである。

　ところが昭和天皇は、「理屈は充分御分りながら憂国の御気持上晏如〔安

日本近現代史　115

心の意〕と出来ぬ御気持らしく」、「重光の場合なら三谷が在京なれば或は出来るかも知れぬ」と話した。「三谷」とは三谷隆信侍従長のこと。元外交官で、この時は現上皇である明仁皇太子の外遊に随伴中である。田島は、「兎に角仮定で又実行不能の事故、正面から反対するのも如何と思い、又原理を繰返して」諫め、「兎に角、今日天皇は新憲法で政治外交は陛下の遊ばす事ではありませぬから」と「申上げた」。ただ、反論するだけでなく、「世の中の事は理屈で平静に考へますれば問題のありませぬ事も、其場に臨みその空気、勢といふものに支配されますと随分人間は愚なものでありますので、いく所までいかなければ目がさめぬものかと感じまする」と、昭和天皇の懸念に寄り添う姿勢を見せた。

 すると昭和天皇も、「そうだよ、戦争の場合も同様で、私など戦争を止めようと思つてもどうしても勢に引づられて了つた。近衛でもネー」と述べた。「近衛」とは1941年の日米交渉時に首相を務めていた近衛文麿のことである。そして昭和天皇は「終戦の時でさへあゝいふ近衛〔師団〕の事件が起きて、司令官〔森赳、近衛第一師団長〕が殺されたりするから私が若し戦争を止めたら内乱になつたかも知れないネー。何といつても下剋上の勢がいつの間にか出来たから」と述べた。

 ここで話題になっているのは、1945年8月14日、敗戦を認めたくない陸軍の一部エリート将校が近衛第一師団長を殺害してその兵士を使い、皇居を占拠して昭和天皇が終戦の詔書を読み上げた録音レコードを奪い、終戦を阻止しようとして失敗した事件のことである（古川『昭和天皇』）。このやり取りからは、昭和天皇が、戦中期に自分がしたことへの後悔をもとに戦後の政治に懸念を抱いていたことがわかる。

 そして昭和天皇は突然、「認証をしないという事がある」と述べた。「認証」とは、日本国憲法第7条「天皇は、内閣の助言と承認により、国民のために、左の国事に関する行為を行ふ」という、いわゆる国事行為についての条文に中に出てくる言葉で、例えば、第7条第5号に「国務大臣及び法律の定めるその他の官吏の任免並びに全権委任状及び大使及び公使の信任状を認証すること」とある。

 総理大臣については、別に第6条に「天皇は、国会の指名に基いて、内閣

総理大臣を任命する」という規定があった。昭和天皇は、「国会の指名に基いて」の「基いて」を「その通りに」ではなく「それを参考に」と緩く解釈し、もし国会で重光が首班指名を受けても、天皇はそれを拒否できるという解釈を示したのである。

　田島はこれに対し、「憲法の条文も内閣の助言と承認により陛下の国事として御行為を願うだけの事故それは出来ませず、それは大問題になります故、此際は矢張り御静観願うより外ない」と反論した。ところが、昭和天皇は再び「まア、認証という事をしないといふ事はあるが」と述べた。田島は「これは中々大変と思い」、「首相のは認証でなく親任〔任命の誤り〕でありますが、之は議会で定めましたものを形式的に御任命になりますので之はどうも出来ませぬし、又認証にしましても認証なさらぬといふ事も六ケしいと存じます故、この際はどうもすべき事はないと存じます」と強く諫め、この議論は収束した。

　もちろん、これらは昭和天皇の執務室内でのやり取りで、外部に漏れることは一切なかった。この記録が近年公開されて初めて明らかになったことである。

　政局の方は、社会党（当時は右派と左派に分裂中）が反対したため重光は衆議院の過半数の賛成を得られず、比較第一党だった自由党の総裁吉田が首班指名を獲得して第５次吉田内閣が発足する（前掲「政党政治の凋落と再生」）。

　こうした記録から、昭和天皇がどうやって象徴天皇という制度を受け入れていったか、それに周囲の関係者や政治がどう関わっていったかが非常にはっきりとわかる。『昭和天皇拝謁記』には、日本各地への行幸や、1952年4月の式典における「おことば」（太平洋戦争への反省をどの程度詳細に書き込むか）をめぐる昭和天皇と吉田茂首相の田島を介したやり取り（結局は吉田の判断でその大部分は削除された）など、戦後の象徴天皇制のあり方を定めていく経緯がわかる、様々な、生々しいやり取りが記録されている。主権者である日本国民が象徴天皇制について原点に返って考える際に不可欠な史料なのである。

　ただし、記録の中では、やり取りがなされている当時の情勢や、戦中期の

史実は当然の前提なので、それらを知らないと会話の意味がわからない。そうしたことを別の文献で補っていかないと、そこに書かれている内容を読み取ることができない（拙稿「なぜ、いま「昭和天皇拝謁記」か」）。

　過去の人々が残した記録とは、大部分がそのようなものである。そこで、様々な手段を使って、そこに書かれている文章や言葉や図像の意味を読み解き、過去について考えるのが歴史学の務めであり、また歴史研究の面白さでもある。

参考文献

黒澤良「政党政治の凋落と再生」季武嘉也・武田知己編『日本政党史』吉川弘文館、2011年

古川隆久『昭和天皇－「理性の君主」の孤独』中央公論新社、2011年

古川隆久『戦時下の日本映画－人々は国策映画を観たか－』吉川弘文館、2003年、新装版2023年

古川隆久「なぜ、いま「昭和天皇拝謁記」か」古川隆久・茶谷誠一・冨永望・瀬畑源・河西秀哉・舟橋正真、吉見直人『「昭和天皇拝謁記」を読む－象徴天皇制への道－』岩波書店、2024年

古川隆久・茶谷誠一・冨永望・瀬畑源・河西秀哉・舟橋正真編『昭和天皇拝謁記－初代宮内庁長官田島道治の記録－』第1巻、第5巻、岩波書店、2021年、2022年

東洋史

ソグド商人の宝探しとユーラシアの東西交流

福島 恵 Fukushima Megumi

はじめに

　私が専門とする隋唐時代は、日本から見れば遣隋使・遣唐使を派遣して中国との交流が本格的に行われるようになった時期だ。日本は、隋唐時代の中国から律令をはじめとして当時の先端の学問・技術・文化など様々なことを盛んに学んで取り入れた。大学入学当初、日本古代史を専攻したいと思っていた私は、日本古代史を本格的に学ぶために、まずは中国の歴史を知っておこうと思った。ところが、その歴史を知れば知るほど、日本が憧れた隋唐の時代はもちろん、その他の多くの時代も、中国は自らの繁栄を謳歌していたかといえばそうとは限らず、彼らの眼差しは、特にその西方や北方に向けられて、新たな文化を摂取したり、強大な戦力を恐れたりして、多大な影響を受け続けていた。日本古代史を知るためには、隋唐時代の中国を知るためには、さらにその西方や北方のことを知らなくてはならないのだ。こうして日本への帰り道を完全に見失ってしまった私が最終的に研究テーマにしたのが、「ソグド人」である。

シルクロードの民 ソグド人

　ソグド人は、ユーラシアの諸民族の交流や混交の歴史を語る上で欠くことのできない存在だ。中央アジアのソグディアナと呼ばれる地域を故郷とするイラン系の彼らは、これまでシルクロードの商人として知られてきた。しかしながら、近年の研究によって、彼らがこれまで考えられてきた以上に、特にユーラシア東方世界で多大な影響力を持っていたことがわかってきた。3～9世紀にシルクロード交易を商人として独占した一方で、隋や唐

などの中華王朝や柔然・突厥・ウイグルなどの遊牧国家でも政治顧問・外交使節・武人などとしても活躍していたのだ。例えば、唐王朝に節度使として仕え、のちに安史の乱を首謀した安禄山もソグド人の血を引いていた。安史の乱は、中国史上の重要な転換点となったことで知られるが、安禄山の血筋を考えれば、この大反乱を理解するには、単に唐の国内からの視点だけでは不十分で、ソグド人が活動していた規模、すなわちユーラシア規模で見なければならないことになる。この中国史上の重要な転換点は、ユーラシア史との関わりの中で捉える必要があるのだ。

　このような広域な視点で歴史を捉えることは、近年の歴史学で特に試みられていることだ。これまで歴史学では当たり前のように国家ごとの歴史＝各国史という枠組みで行われてきたが、現在あるような国家やその国境線は常に存在したものではないし、異文化・異民族との関わりこそが歴史を進展させる刺激や原動力になってきたとも考えられるからだ。ユーラシアの東西を股にかけて活動したソグド人は、ユーラシア（もちろん中国や日本を含む）の歴史を理解するためには恰好の存在なのである。

　ソグド人が最も活躍したのは、中国史上でも特に国際色豊かな時代として知られる唐の時代であった。唐には、日本からも遣唐使がしばしば派遣されたが、唐に訪れた人数や与えた影響からすれば、この国際性を象徴するのはソグド人であったといえるだろう。唐の制度・地理を収録した歴史書『旧唐書』（巻189康国）が記録するソグディアナの中心都市サマルカンド（康国）の習俗を現代語訳すれば、次のようになる。

> 康国では、生まれた子供には、必ず口に石蜜を含ませ、手に膠を握らせる。その子が成長して、いつも甘い言葉（甘言）を使い、手から銭が離れないようにと願うからである。その習性は商売にたけ、わずかの利益を争う。男子が20歳になれば他国に（商いに）送り、中国にもやって来る。利があるところで、至らないところはない。

石蜜は、サトウキビの汁に牛乳を加えて煮固めて作るとされ、その甘さから当時大変珍重された。今の練乳やキャラメルのようなものだとみられる。

膠は、動物の皮や骨などを煮つめて作った接着剤で、当時その接着力は最強だった。石蜜のような甘い言葉を用いて取引し、１度握った銭は膠の接着力のように離さない、ソグド人は交易の民として生まれ育てられたことがこの記録からわかる。

　それにしても、ソグド人の石蜜のような甘い言葉とはどんな言葉だったのだろうか？　本来「甘」という漢字は「味わいがあまい、味がよい、心地よい」というプラスの意味を持つが、「甘言」となると、古来「(媚びへつらっていう) うわべの言葉」という意味で使われてきた。ただし、ソグド人の言葉は単なる「甘言」ではなく、石蜜ほどなのだからきわめて甘かっただろう。ただの「うわべの言葉」でないとすると、具体的にはどんなものだったのだろうか？　以下では、このソグド人の言葉について少し遠回りになるが日本に伝わる昔話から考えてみたい。

昔話〈長崎の魚石〉

　日本民俗学の祖とされる柳田國男が昭和初期に全国を実地調査してまとめた『日本昔話集』に〈長崎の魚石(うおいし)〉という話がある。以下はその要約である。

> 長崎の伊勢屋久左衛門(いせやきゅうざえもん)という人に懇意な唐人があった。土蔵の石垣に積んである青石(あおいし)にしきりに目を付けてこれを譲れという。久左衛門は不用の品だから差し上げてもいいが、今これを取り出すと垣が崩れるから、そのうち普請(ふしん)のおりでもあらば取っておいて次回渡来の時に進呈しようというと、唐人は百両出すから今ぜひ売ってくれないか、再び渡来がかなうかどうか分からぬからという。主人は百両と聞いてこれはなにか貴いものに相違ないと思い、急に売り惜しんでこれを断わった。唐人は三百両まで出すといったが、とうとう望みを遂げなかった。
> 唐人が西帰の後、主人はこの石を取り出して玉磨きの工人に鑑定させ、磨いてみたがいっこう変わったものとも覚えない。二つに割ってみると水が出て赤い小鮒(こぶな)が（二尾）飛び出したがやがて死んでしまった。（これが貴い所以(ゆえん)だったのかと）たいへん惜しんだが、翌年唐人が再渡した

のでこの話をすると彼は涙を流して長嘆した。そのいうところによるとこの石はかねて聞いてはいたが出遭ったのは始めての大宝であって、その名を「魚石」というものである。おもむろに石を磨してわずかに水のある処に達すれば透けて水中の魚を見ることができる。この双魚の遊ぶ姿を見ていると心おのずからゆるやかに、養心延命の効がある。されば本国の貴人重価を惜しまずこれを求めるので、これを転売して巨利を博せんとして今回は三千両を用意して渡来したと言ってその金を見せ、ついに意を果たさずして帰国したという。（石田1967：p. 244を一部改変）

　この昔話〈長崎の魚石〉は、長崎県だけに残る話ではなく、同様の話が九州各地にあることが知られている。また、これらの話のルーツは「胡人採宝譚」と呼ばれる類型の中国の説話であることが指摘されている。この「胡人採宝譚」の存在を最初に報告したのは、日本大学史学科（当時は日本大学法文学部文学科史学専攻）創設時に東洋史の担当教員であった石田幹之助であり、その名著『長安の春』にこれに関する論考（3本）がまとめて掲載されている。それらによると石田は、唐やそれに続く五代の小説や随筆に、唐代のこととして次のような類型の話が多数あることを発見し、「西域の商胡、重価を以て宝物を求める話」とか「胡人採宝譚」「胡人買宝譚」と呼んだ。

　　ある人が何かの機会に宝物を手に入れる。この宝物は多くの場合、一見きわめてつまらないもののように思われるので当人はこれを宝物とは知らずにいる。それをまたある機会に中国に来ている西域の商人（商胡）に見せると非常に珍重して莫大な値段でこれを買っていく。（石田1967：p. 210を一部現代語に改変）

　この「胡人採宝譚」は、石田やその後の研究者によって、中国だけでなく朝鮮半島・日本でも現代に至るまで、実に様々なバリエーションで語り継がれていることが報告されている。そのバリエーションの一端を記せば、宝物は一様ではなく珠・玉・石・刀などがあり、買い手の外国商人は胡（商胡・胡人）以外にも地域や時代によって大食（タジク、イスラム）・波斯（ペル

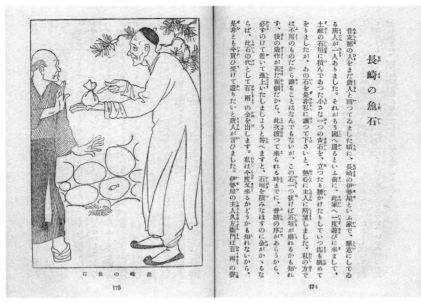

柳田國男「長崎の魚石」(『日本昔話集』上、アルス、1930年)（国立国会図書館蔵）

シア）・回回（ウイグル）などが見られる。また、話の展開も様々で、宝の持ち主との値段交渉を通して値が定まることもあるし、なぜか買い手自ら値をつり上げていく場合もある。買い取りに成功する場合もあるが、買い取り前に宝の効力が消滅するなどして購入に失敗する場合もある。宝の効力が明かされることもあるが、謎のままのこともある。

これらの話の中でも話の胆となっているのは、買い手が外国商人、すなわち「西域の商胡」であることだ。この「胡」という漢字は、本来は「中国の北方や西北方の異民族」を意味したが、唐代には、その中でも特に頻繁に多数が往来した「ソグド人」を指すようになることが知られている。つまり、「胡人採宝譚」に登場する「西域の商胡」は、まさしく「ソグド商人」を指し、「胡人採宝譚」とはソグド商人が宝を探しあてて求める話ということになる。

「胡人採宝譚」のソグド商人の言葉は、宝の持ち主にとっては価値がないと思っていたものを高値で買ってくれるというのだから、まるで石蜜のよう

ソグド商人の宝探しとユーラシアの東西交流　123

に甘く感じられたことだろう。ただし、「胡人採宝譚」のバリエーションによっては、ソグド商人の言葉やそこから生ずる彼らへの認識は、単に甘いというプラス評価だけではない。例えば、宝の効力が明らかになって高値の理由に納得できれば、漢人にとってソグド商人は宝の価値を正しく知り、西方文化を感じさせる人物として魅力的に見えるが、宝の価値がわからないままとなれば、ただでさえソグド商人は自分たちと異なる言葉・顔つきで異質な存在なのに、なぜ高値なのか、なぜ買い手自ら値を上げるのかなどソグド商人の意図が理解できず、その言葉は口先だけに思え、得体の知れない不可解な人物に見える。このようなソグド商人の多面的な姿は、おそらく唐代の漢人が彼らとの実際の接触を通して得た認識であり、この認識が「胡人採宝譚」に多様なバリエーションが生まれた一因となったと考えられるだろう。

また、この「胡人採宝譚」が日本に伝来すると、〈長崎の魚石〉ようにその話のフレームは維持しながら、唐では西域（ソグド）人であった外国商人は、日本では唐人（＝中国人）に変化した。これは、日本における外国商人への感覚が、唐の漢人がソグド商人に対して抱いたものと一致して、説話として長く伝えられることになったと見ることができるだろう。

「胡人採宝譚」のルーツ

ところでこの「胡人採宝譚」はどのように生まれてきた話なのだろうか？ 現在のところ「胡人採宝譚」で最も古いとされているのは、南朝宋の劉敬叔の『異苑』（『芸文類聚』石・金）に掲載されている永康王曠の井戸にあった洗濯石を2人の胡人が買い求める話だ。著者の劉敬叔は、泰始年間（465～471年）に病没したとされるので、その頃には「胡人採宝譚」があったことになる。しかしながら、どうやらそれだけではなさそうである。石田に続いて「胡人採宝譚」を研究した澤田瑞穂（1980：pp. 146-148）は、「胡人採宝譚」は中国原産の説話としてみるのが自然であるが、そうであるかを疑う必要があり、中国に普及する前からほかに原型があったのではないか、として南朝梁の宝唱の『経律異相』巻44に掲載される「貧人買斧不識是宝三十」（以下〈貧人の斧〉）という仏教説話を提示している。

そして、今、この〈貧人の斧〉について著者が改めて調査したところ、訳者は不明ながらも、より古い東晋（317〜420年）に漢訳されたというインドの仏教説話（譬喩＝〈教義をよく理解させるための〉喩え話）を集めた『天尊説阿育王譬喩経』に、より詳しいバージョンが掲載されていることがわかった。現代語訳すれば以下のようになる。

> 昔、貧しく独り身の老人がいた。職についていなかった。たまたま市で1本の斧を手に入れた。それは宝の中の宝（衆宝の英）であったが、そのことを知らなかった。それを持ち帰って杖を削っては売り、そうして何とか命をつないでいたが、斧（の刃）を使い果たそうとしていた。そこに外国の商売上手の大商人と会った。名を薩薄という。斧を見て（宝だと）認知し、老人に「この斧を売らないか」と問うた。老人は「私はこの斧を頼って杖を削って生活しているので売りません」という。薩薄がまたいうには「あなたに絹百匹をあげるのに、なぜ売らないのか」と。老人は自分に（条件は）あっているといったが、それでも商いに応じない。薩薄がまたいうには「なぜ商いに応じられないのか。あなたに二百匹をあげよう」と。老人はそれでもがっかりして喜ばない。薩薄がまたいうには「少ないことが嫌ならば、すぐに増やすのに、あなたは、なぜ喜ばないのか。あなたに五百匹をあげよう」と。老人はそこで大声で泣いていうには「私は絹が少ないことを恨んではいません。私は愚かなことに、この斧の長さの半分を無駄にしてすでに無くしてしまった。その五寸があれば、五百匹多く得ただろう。これを恨みとしているだけです」と。薩薄がまたいうには「遺恨があってはいけません。今あなたに千匹をあげましょう」と。そこで契約書を破って斧を持ってその場をあとにした。この斧は宝の中の宝であるので、薩薄には金額の多少は問題ではなかった。斧を薪火の上で焼くと、すべて貴宝となった。

　この〈貧人の斧〉は、石田が示した「胡人採宝譚」の類型によく当てはまる。興味深いのは、この『天尊説阿育王譬喩経』の〈貧人の斧〉の続きには、『経律異相』版にも、唐やその後の「胡人採宝譚」にも記されていない、こ

の説話の教訓が以下のように掲載されているのだ。

> 天尊（仏）はこの話を喩えとする。人の身体を授かったのならば、あらゆることを感じ、考え、伝える術をすべて備えている。賢明な師匠について悟りを開く道を求めれば、神通（何事も自由自在にできる、不思議な働き・力）が及ぶだろうに、世俗で真偽を区別せずに、農耕を気ままに行うことによって、その時々に馬に鞭打って進み、年老いて死ねば、またまさにひどい目に遭うことになる。まるで老人が宝の斧を使い果たすようであると喩える。これはなんと甚だしい誤りであろうか。

〈貧人の斧〉は、宝だと知らずに使い果たそうとしていた愚かな老人と、宝だと知る賢明な外国商人を喩えとして、賢明な師匠に就き従って、悟りを開く道を求めることの重要性を説いた話だとわかる。

この〈貧人の斧〉に賢明な人物として登場する外国商人は「薩薄」と名乗っているが、実はこの語はほかの仏教経典でも見られ、サンスクリット語で「商主」を意味する sārthavāha- を漢字音写（読み方の近い漢字で表記）した単語であるとされている。仏教説話では、基本的に裕福な商人として登場し、多くの商人を率いて宝を探したり交易し、もし危険なことがあれば自らの身を犠牲にして多くの人々を救う。人々を導き救うこの「薩薄」は、仏の前身である菩薩の化身であるといえ、このことは仏教説話に登場する「薩薄」が中央アジアの石窟の壁画（例えば、キジル石窟第38窟）に菩薩の姿で描かれていることが証明している。これらを参考にすると、〈貧人の斧〉で出てくる「薩薄」と呼ばれる賢明な外国商人は、菩薩の化身と見ることができよう。

一方、この「薩薄」には、中国の典籍史料や墓誌に「薩宝（薩保・薩甫）」というよく似た言葉がある。この語は、サンスクリット語からの借用語（sārt）と本来のソグド語形（-pāw）を組み合わせたソグド語 sārtpāw「隊商のリーダー」を意味する言葉で、北魏～隋代は中国領内ソグド聚落を統括し、唐代になると多くのソグド人が信仰した祆教（ゾロアスター教）とその信徒を管理する官職名として使われたことが知られている。

この「薩薄」と「薩宝」とは史資料では明確に使い分けされていて、基本的に前者は仏教経典のみに現れ、後者は経典には現れない。「薩薄」はサンスクリット語由来で、仏教経典のみに出現することから、もとはインドの商人を率いるリーダーだとみられるのだが、先述の中央アジアの石窟に残る仏教説話の壁画では、菩薩姿の「薩薄」が率いる商人たちはソグド商人の姿で描かれていることが指摘されていて、仏教説話がインドから中央アジアを経て中国へ伝播する中で、遠隔交易をする外国商人といえば、当時この地を盛んに往来していたソグド人が図像化されていったとみられている。このような現象は、おそらく仏教説話が漢訳された際も同様だったのだろう。上述の〈貧人の斧〉を読んだ人々は、「外国商人の薩薄」とあれば、当時最も盛んに活動した外国商人であり、同じ「商主」の意味で似た発音の「薩宝」をリーダーとするソグド人を思い浮かべたはずだ。そうなると、〈貧人の斧〉の話も少なくとも『天尊説阿育王譬喩経』が漢訳された東晋では、ソグド商人の言葉は、賢明な菩薩の言葉だと認識されていたことになる。ただし、この話が中国で仏教的な喩えとは切り離されて、広く一般に伝わり、様々なバリエーションが生まれていく中で、おそらくソグド商人との実際の接触経験も反映されて、その魅力（賢明なさま）だけでなく、不可解な得体の知れない様子を示す説話も生まれることになったのだろう。菩薩の賢明な言葉は、時に理解されずに不可解な言葉と認識されてしまったのである。

「胡人」から「唐人」へ

　ところで、現在日常で使われている日本語で「胡」字がつく、ちょっと変わった読み方をする言葉がある。「乱雑であること、いいかげんであること」とか「疑わしいこと、うさんくさいこと」の意味をもつ「胡乱」だ。「胡乱」は本来「胡が乱す」などの意味になるはずだが、変化しているようだ。
　この「胡乱」を辞書（『広辞苑 第 7 版』2018：p. 301）で引いてみれば、「唐音。『胡』はでたらめの意」とある。ここでいう「唐音」とは、鎌倉・室町から江戸時代に主に商人や禅僧によって日本に伝えられた中国の宋以降の音（読み方）とされるが、「胡乱」は比較的早い鎌倉初期には日本に伝わっ

ていたとされている。中国民間文芸の研究者の山口建治による「胡乱」や「胡説」という言葉に関する研究の中に、「胡」という漢字についていくつかの興味深い指摘がある。１つ目は「でたらめに」という意味で「胡」字を使った語彙は、中国では宋代以後に目立つようになり普遍化したということ。２つ目は「胡」には古来「漢」に対立する北方異民族の意味があるが、これと「でたらめに」という意味とは、分かちがたく結びついているということ。３つ目は「胡乱」という言葉は日本で「確かでない（でたらめに）」から「怪しい、うさんくさい」に意味が転化するが、これを日本で本来「中国人」を意味した「唐人」という言葉が、「外国人一般」を指すようになり、さらにそれが「物の道理のわからないもの」という意味に転化していくことと関連づけて、これらの日本における差別的な意味への転化は、現実の外国人（唐人）との接触を通じて獲得され蓄積されたものだと推測していることである。唐代中国の「胡人採宝譚」で「西域の商胡」であった外国商人は、〈長崎の魚石〉では「唐人」であった。日本での「西域の商胡」から「唐人」への変化は、単に日本における外国商人に中国商人が多かったことだけではなく、その裏には「道理のわからないもの」としての認識が含まれていた可能性もあることになる。

　これらを参考に「胡人採宝譚」と「胡」に対する認識の変化をまとめてみれば、以下のようになろう。仏教説話として中国に伝わった「胡人採宝譚」は、唐代になると様々なバリエーションが生まれた。仏教説話では菩薩の化身であった外国商人（薩薄）は、中国内を頻繁に往来するソグド商人（商胡：リーダーは薩宝）として認識され、そして時代や地域によってほかの外国商人に変化していった。また、仏教的な喩えが切り離され、漢人が外国商人と接触することで、外国商人は賢明な存在としてだけではなく、不可解な得体の知れぬ存在としても示されるようになった。一方で、宋代の中国では「胡」字が本来の「異民族」の意味から「でたらめ」の意味に派生し広く使われるようになる。この言葉は日本にも伝わって、おそらく日本にとっての外国商人である「唐人」との接触を経て、「怪しい、うさんくさい」の意味に変化した。日本に伝わった「胡人採宝譚」には買い手の外国商人として「唐人」が登場するが、そこには日本で生じた「道理の分からないもの」の

意味が込められていた可能性もある。

　商人が、宝と見定めて買い取ろうとする。その商人の言葉は、価値がないと思っていた宝の持ち主にとっては、まるで石蜜のように甘く感じられたことだろう。そしてその商人の言葉は（多少甘さに濃淡があったにせよ）、時や場所が変化しても、その交渉内容に大きな変化はなかったはずだ。それなのに、時と場所が変化することで、菩薩の賢明な言葉は「でたらめ、怪しい、うさんくさい」へ、さらには「道理の分からないもの」へとその受け取られ方は大きく変化してしまったのである。この変化の要因は、時代・地域ごとにより詳細に検討する必要があるが、この変化は少なくとも日本を含むユーラシアの歴史・文化の展開が連動していることを示していると言えるだろう。

　さて、本稿の最後にあなたに問いたい。

　ある日突然、目の前に現れた外国の商人に、あなたのそれ（自分では特に価値がないと思っている）を売ってほしいと言われたら、あなたはどう感じ、どう行動するだろうか？　甘い（心地よい、楽しい、面白い）と思うか、苦い（怖い、嫌だ、怪しい）と思うか、異国の人や文化を興味深く受容するのか、理解できないものとして排斥するのか。

　このように過去の歴史を明らかにする作業の中で、現代に生きる自分の内面に問いかけ、その後の未来への生きる指針ともなる、それも歴史学の魅力の1つなのだと思う。

参考文献

石田幹之助『長安の春　増訂版』東洋文庫91、平凡社、1967年

澤田瑞穂「異人買宝譚私鈔」『早稲田大学大学院文学研究科紀要』26、1980年（再録：『金牛の鎖－中国財宝譚－』平凡社選書83、pp. 103-148、平凡社、1983年）

柳田國男『日本昔話集』上、日本児童文庫11、アルス、1930年

山口建治「『うそ』の語源は中国語の『胡説』か？」神奈川大学人文学研究所『神奈川大学・浙江大学学術交流十周年記念　日中文化論集－多様な角度からのアプローチ－』、pp. 21-47、勁草書房、2002年

東洋史

オスマン帝国はいつ滅亡したのか

粕谷 元 Kasuya Gen

皇帝陛下の御人身は神聖であり、かつ、無答責である
（オスマン帝国憲法第5条）

はじめに

オスマン帝国はいつ滅亡したのだろうか。

1922年にトルコ大国民議会がスルタン（皇帝）制を廃止した話は、各出版社の『世界史探究』教科書に書かれているので、「世界史探究」を履修している日本の高校生であれば、「その時である」とおそらく答えるはずである。

確かに、オスマン帝国は1922年11月1日の皇帝制廃止をもって滅亡したと見なされることが一般的だが、別の時点をオスマン帝国の滅亡の時とする見方も存在する。例えば、日本語によるトルコ近現代通史としては、永田雄三・加賀谷寛・勝藤猛『中東現代史Ⅰ』（山川出版社、1982年）と新井政美『トルコ近現代史―イスラム国家から国民国家へ―』（みすず書房、2001年）が代表的なものだが、前者は、1922年11月17日の皇帝の亡命をもって「ここにオスマン朝は名実ともに滅亡した」と記述している。一方後者は、「11月4日に［オスマン帝国政府の］テヴフィク・パシャ内閣は、なすすべもなく総辞職し、イスタンブルにおいてもアンカラ政府の統治が始まった。そしてこの状況は連合国にも承認され、さらに帝国の官報もこの日付を最後に刊行されなくなるから、オスマン帝国はこの日、1922年11月4日をもって滅亡したと見なされるであろう」と記述している。つまり、実はオスマン帝国がどの時点で（1922年11月の何日に）滅亡したのかについては解釈が分かれ、定説がないのが実情なのである。

例えば中国史において、1912年2月12日の宣統帝の退位をもって清朝が滅亡したとする解釈におそらく異説はないだろう。ところが、オスマン帝国の政治的最終局面を見た場合、宣統帝退位詔書に相当するような正式な退位宣言が皇帝メフメト6世（在位1918〜1922）自身から一切発せられていない。この点に、オスマン帝国が滅亡した時点についての解釈が分かれる余地が生じる。

　そこで本論では、オスマン帝政が終焉していく政治的最終局面を検証し、どの時点でオスマン帝国は滅亡したと見なしうるのかについて改めて検討してみたい。その上で、何をもって国家の滅亡と見なすのか、政権の移行をめぐる旧体制側の認識と新体制側の認識のずれの問題、同時代の時事的認識と後代の歴史学的認識のずれの問題といった、歴史学に共通する論点について考察する。

オスマン帝国の政治的最終局面

　1922年8月末、革命政権軍たるトルコ大国民議会政府軍はアナトリア西部でギリシア軍に対する総攻撃を開始し、9月にイズミルを奪回、さらにイスタンブルにも進軍する勢いを示すと、ついに10月11日、マルマラ海南岸のムダニヤで連合国（協商国）と休戦協定を締結するに至った。こうしてオスマン帝国の敗戦直後に自らが始めた軍事行動――トルコでは「独立戦争」などと呼ばれる――にようやく勝利したトルコ大国民議会政府にとって、次の問題は、オスマン帝国政府（大宰相府）が1920年8月に締結したセーヴル条約に代わる新たな講和条約を連合国と結んで、軍事的勝利を正式な外交的勝利として確定させることだった。そして、この講和条約締結をめぐる問題は、1920年4月にトルコ大国民議会がアンカラに成立して以来の懸案、すなわち、トルコにはアンカラのトルコ大国民議会政府とイスタンブルのオスマン帝国政府の2つの政府が存在するという国家体制上の根本的な懸案を改めて喚起することになった。案の定、1922年11月13日からローザンヌで開かれることが予定されていた講和会議に、連合国は両方の政府を招請したのである（10月27日）。トルコ大国民議会が11月1日の本会議で皇帝位とカリフ位を相互

分離した上で前者を廃止する決議をあわただしく採択して、後述するようにオスマン政体の消滅を宣言したのは、来たる講和会議でどちらの政府が国家と国民を正式に代表するのかという喫緊の問題に直面して、いよいよ最終決着をつけようとしたトルコ大国民議会政府側の措置にほかならない。上述の決議の名称が、「トルコ大国民議会が主権及び統治権の真の代表者であることに関する本会議決議」となっているのはそのためである。

　以下では、上述の経過の繰り返しになる部分も若干あるが、1922年10月から11月にかけての政変を年表形式で辿ることとする。

1922年10月11日　トルコ大国民議会政府（以下、本節では引用文を除いて「大国民議会政府」と略記）、連合国とムダニヤ休戦協定締結。

　　10月13日　オスマン帝国政府（以下、本節では「帝国政府」と略記）のイッゼト・パシャ外相、来たるローザンヌ講和会議に帝国政府代表団と大国民議会政府代表団が合同参加することを英国高等弁務官事務所主席通訳官ライアンに打診。

　　10月17日　大宰相（オスマン帝国首相）テヴフィク・パシャ、講和会議への代表団の合同派遣をムスタファ・ケマルに打診。

　　10月18日　イスタンブルにおいて連合国および帝国政府側に対する大国民議会政府側の窓口となっていたハミト・ベイ宛てのムスタファ・ケマルの電報：「講和会議においてトルコ国を代表するのは、唯一、大国民議会政府である」。ハミト・ベイはこれを自分宛ての指示と解釈し、大宰相に送達せず。

　　10月27日　帝国政府のイッゼト・パシャ外相と大国民議会政府側のハミト・ベイの双方が11月13日から始まる予定の講和会議への招請状を連合国から受理。

　　10月29日　代表団の合同派遣を呼びかけるテヴフィク・パシャ内閣閣僚名の大国民議会政府宛て電信。大国民議会政府はこれに返信せず。大国民議会政府臨時代表兼総司令官レフェト・パシャ、ユルドゥズ宮殿でメフメト6世に単独で謁見し、

	「内閣の総辞職」を提案するとともに「皇帝位の廃絶と新カリフの選出に関する大国民議会政府の意向」を伝達。メフメト6世はこれを拒否し、再会談を提案。レフェト・パシャは回答せず。
10月30日	大国民議会本会議、ルザー・ヌル議員を筆頭発議者とし、ほか78名が連署した皇帝位のカリフ位からの分離および前者の廃絶に関する決議案の採択を求める動議を審議。討論の末、公開表決がなされたが、採択に必要な定足数に充たず、後会での再表決へ。
10月31日	大国民議会政府、閣議で講和会議の代表団を選任。
11月1〜2日	大国民議会本会議、皇帝位のカリフ位からの分離および前者の廃絶を求めるルザー・ヌルほか53名の修正決議案を審議。決議案はシャリーア（イスラーム法）委員会、司法委員会、憲法委員会の3委員会からなる合同委員会に付託（ここで休憩に入り、日付が変わる）。合同委員会では何人かの委員が反対意見を述べるも、「主権や統治権は、学識が必要であるといって、協議や討論によって誰かから誰かに譲り渡されてきたものではない。主権、統治権は力、権力、暴力によって獲得されるものである。オスマンの子孫たちがトルコ国民の主権と統治権を奪い、6世紀以上にわたってその支配を維持したのは暴力によってであった。今日トルコ国民はこの簒奪者に対して蜂起し、そのあるべき場所を指定して、その手に主権と統治権を現に取り戻したのである。これは既成事実である」とムスタファ・ケマルが発言して反対意見を一蹴。合同委員会で急遽作成された、次の2条項からなる決議案が本会議で全会一致で採択される。「第1条——基本組織法（1921年1月20日に大国民議会が制定した憲法）によりトルコ人民は、主権及び統治権をその真の代表者であるトルコ大国民議会の法人格に放棄、分割又は譲渡しない条件で授け、これを有効に行使すると

オスマン帝国はいつ滅亡したのか 133

ともに、国民の意思に基づかないいかなる権力及び機関を認めないことを定めた。［トルコ人民は、1920年1月28日の］国民誓約［に示された］国境線内においてトルコ大国民議会政府以外のいかなる政体も認めない。ゆえにトルコ人民は、イスタンブルにおける一個人の主権に基づく政体を、［連合国軍によるイスタンブル占領が開始された］1920年3月16日から、永遠に消滅したものと見なす。」「第2条──カリフは高貴なるオスマン家に属し、カリフ位にはトルコ大国民議会により同家の［者の中から］学識面及び倫理面で適任の人物が選出される。トルコ国はカリフ位の支えである。」

11月3日　メフメト6世、自身の廃位をめぐる噂(うわさ)を打ち消すよう大宰相に指示。

11月4日　大宰相テヴフィク・パシャから政情に関する相談を受けた英国高等弁務官ランボルド、大宰相に①テヴフィク・パシャ内閣の総辞職は避けられず、②講和会議へのトルコ代表団派遣問題は内政問題であって、帝国政府自身が決めるべきであると回答。イスタンブル市の警視総監、ジャンダルマ（国家憲兵）司令官、職員などが大挙して大国民議会政府臨時代表兼総司令官レフェト・パシャのもとを訪ね、大国民議会政府の治下に入ったことを申告し、同政府の訓令を要求。レフェト・パシャ、大国民議会政府の訓令を待たずに自己の責任でイスタンブルの官吏員に「本日正午よりイスタンブル市およびイスタンブル県の行政を掌(つかさど)り、従前通りその職務を執るべきこと」を令達し、このことを大国民議会政府に報告。大国民議会政府、イスタンブルを同政府治下の一県として統治する旨のイスタンブル行政方に関する訓令をレフェト・パシャに令達。テヴフィク・パシャ内閣、4閣僚の辞任の後、最後となる閣議を開催し、総辞職。メフメト6世はこれを認めず。オスマン帝国官報第

	4608号発行（結局これが最終号となる）。
11月5日	大国民議会政府臨時代表兼総司令官レフェト・パシャ、帝国政府の各省次官、県知事、警視総監その他各庁長官を招集し、イスタンブル行政方に関する大国民議会政府の前日の訓令を令達。さらにこれをハミト・ベイが英仏伊3国の高等弁務官に通達し、連合国駐屯軍の即時撤兵を要求。大国民議会政府の講和会議代表団、アンカラを出立。
11月6日	イスタンブル県における大国民議会制定の諸法令の適用開始。イギリスの『タイムズ』紙の報道：「皇帝の態度ははっきりせず、皇帝が新内閣を組閣するつもりなのかどうかもまだわからない」。
11月7日	イスタンブルのトルコ語紙『イクダーム』の報道：「メフメト6世は未だ退位せずも、廷臣たちは個々に大国民議会政府に対して忠誠を誓っている」。
11月10日	メフメト6世、カリフとして最後の金曜礼拝を主宰。英国高等弁務官ランボルド、メフメト6世の身辺に危険が迫っていることを本国外務省に報告。
11月16日	メフメト6世、身辺に危険が迫っているとして亡命のための支援を依頼する密書をカリフの名で連合国駐屯軍司令官ハリントン将軍に送達。
11月17日	メフメト6世亡命（早朝にユルドゥズ宮殿を2台の車で脱出、トプハーネ埠頭で英国軍艦マラヤ号に乗船し、マルタ島に向けて出航）。
11月18日	大国民議会、メフメト6世のカリフ位からの退位に関する本会議決議を採択するとともに、新カリフにアブデュルメジトを選出。
11月19日	大国民議会議長ムスタファ・ケマル、アブデュルメジトにカリフに選任されたことを報告。
11月20日	ローザンヌ講和会議始まる。
11月24日	トプカプ宮殿で新カリフの即位式が挙行され、レフェト・

パシャらからなる大国民議会議員代表団が新カリフに対する忠誠の誓い（バイア）の儀式を執り行う。新カリフ、イスラーム世界に向けて即位を宣言。

　オスマン帝国が滅亡した時点についての解釈が複数存在することは「はじめに」で述べた通りだが、以上見てみると、やはり次の3つの出来事がオスマン帝国滅亡の時点の有力な候補であるといえるだろう。すなわち、1つ目はオスマン政体の消滅を宣言した11月1（〜2）日の大国民議会決議、2つ目は11月4日の帝国政府内閣の総辞職、3つ目は11月17日の皇帝メフメト6世の亡命である。

同時代の新聞報道は「オスマン帝国の滅亡（の時点）」を明確に伝えているか

　前節では、1922年10月から11月にかけての政変の経過を確認したが、本節では視点を変え、同時代のトルコ国外の新聞の中でその政変の経過を最も詳細に報道していたと思われるイギリスの『タイムズ』紙が、「オスマン帝国の滅亡（の時点）」をどこまで明確に伝えているかについて検証してみたい。外国の新聞報道に着目するのは、それがトルコ大国民議会政府側、オスマン帝国政府側のどちらの政治的立場にも与せず、一連の事実経過をトルコ国内のトルコ語の各紙よりも比較的中立的な立場から報道していると考えられるからである。検証するのは、皇帝位の廃絶から新カリフの選出に至る期間のトルコに関する記事であるが、紙幅の都合で関係記事の見出しのみを以下に列挙する。

　　11月2日　「大宰相府、アンカラ［政府］に屈す」
　　11月2日　「ケマリスト指導部の見方：講和会議に対するフランスの
　　　　　　　態度」
　　11月3日　「皇帝（スルタン）：アンカラ［政府］、大宰相府に打撃：激しい討論」
　　11月3日　「カリフ制：暴力の伝統：オスマン［帝国］のパワー・ド

	クトリン」
11月3日	「カリフ位」
11月4日	「皇帝(スルタン)廃位さる：ケマリストは［新］カリフの選出へ：アンカラ［政府］の決定」
11月4日	「ケマリスト、法外な要求：フランスの憂慮」
11月6日	「コンスタンティノープルの危機」
11月6日	「ケマリスト政変：首都に新たな脅威：中立地帯のトルコ人：皇帝(スルタン)の立場」
11月6日	「皇帝(スルタン)制とカリフ制：アンカラとインドのイスラーム教徒」
11月6日	「皇帝(スルタン)、諸権利に固執：レフェト［・パシャ］の警告」
11月7日	「カリフ制：トルコ人とオスマン帝室」
11月7日	「皇帝(スルタン)制とカリフ制：トルコに共感寄せるインド人」
11月7日	「コンスタンティノープルの連合軍」
11月8日	「連合国とアンカラ［政府］：要求を拒絶：軍隊は撤退させず：深刻な情勢」
11月15日	「皇帝(スルタン)の側近、マルタへ」
11月16日	「ケマリストがコンスタンティノープルを掌握」
11月16日	「トルコは民主主義［国家］となった：イスメト・パシャの宣言」
11月18日	「皇帝(スルタン)、退位せぬまま英国軍艦に乗り亡命」
11月18日	「カリフ亡命す」
11月20日	「亡命した大宰相」
11月20日	「皇帝(スルタン)の亡命」

　紙幅の都合でこれらの記事の内容を紹介できないのは残念だが、いずれの記事の見出しおよび本文のどこを探しても、「この日をもって、あるいはこの出来事をもってオスマン帝国は滅亡した」というような記述は見当たらないのである。このことは何を意味するのか。

オスマン帝国はいつ滅亡したのか　137

おわりに―「オスマン帝国の滅亡」か、「トルコの政変」か―

　オスマン帝国がいつの時点で滅亡したのかについては複数の解釈が存在し、それらの中で①オスマン政体の消滅を宣言した11月1（〜2）日の大国民議会決議、②11月4日のオスマン帝国政府内閣の総辞職、③11月17日の皇帝メフメト6世の亡命の3つが滅亡の時点のやはり有力な候補となることは第1節で述べた。

　このように解釈が分かれる理由としてまず指摘できるのは、政権の移行をめぐる旧体制側の認識と新体制側の認識のずれの問題である。

　両者間で正式な政権移譲が行われなかった場合、認識のずれが生じるのは当然で、だとすれば、一方の立場からオスマン帝国の滅亡の時点を特定するのは適切でないことになる。オスマン帝国の側からすれば、オスマン政体の消滅を宣言した11月1（〜2）日の大国民議会決議を皇帝と帝国政府が正式に受諾しなかった以上、そもそも帝国の滅亡の時点なるものは存在しない。

　解釈の分かれる理由として次に指摘できるのは、オスマン皇帝とオスマン政府、国家／王朝と政府とを区別しうることである。

　オスマン帝国憲法は次のようにいう。

>「オスマンの至高なる統治権は、イスラームの偉大なるカリフ位を包含し、古来の慣行に従ってオスマン家の最年長男子に帰属する」（第3条）
>「皇帝陛下は、カリフ位によりイスラーム教の守護者であり、全オスマン臣民の元首にして皇帝〔パーディシャー〕である」（第4条）
>「皇帝陛下の御人身は神聖であり、かつ、無答責である」（第5条）

　オスマン帝国が君主を国家元首とし、その人身を神聖かつ無答責とした君主制国家であって、君主の身体がすなわち国家／王朝そのものであるならば、オスマン帝国は1922年11月4日における政府の消滅によってではなく、11月17日における君主の亡命によって滅亡したという解釈も確かに成り立つだろう。

　このように見ていくと、オスマン帝国がいつの時点で滅亡したのかについ

ては、やはり様々な立場・観点からの解釈が可能であって、それを１つに特定することは困難、あるいは誤解を恐れずにいえば、無意味であると最終的に結論せざるを得ない。

　オスマン帝国の滅亡の時点に関連してさらにもう１つ付言するならば、我々は、同時代の人々の認識と後代の歴史学的な認識とを区別して理解すべきである。

　前者は、体制が変わろうとトルコはトルコで、２年半以上にわたった国家の代表権をめぐるオスマン帝国政府とトルコ大国民議会政府との争いについに決着がついたという認識である。実際、『タイムズ』紙の読者は1922年11月のトルコに関する一連の出来事をあくまで「トルコ」の政変として認識し、「オスマン帝国」の消滅とはほとんど理解していなかったと思われる。

　一方後者は、1922年11月にオスマン帝国からトルコ国へと国家が交代したという認識である。後者の認識に立つ場合、本論が考察を試みたオスマン帝国が「滅亡した時点」が厳格に問われることになる。しかし、考察の結果明らかになったように、その時点は曖昧で、複数の解釈が成り立つものだった。オスマン政体消滅の一連の経過の当事者はあるいは別かもしれないが、同時代の人々の多くは、「オスマン帝国の滅亡の瞬間」を明確に意識することのないまま政変の経過を見守っていたと考えられる。

　１つの国家の滅亡の時点というのは、たいていの場合、後から歴史学的あるいは法的に「あの時が国家の滅亡の時だった」と振り返る類のものではないだろうか。そのことを我々は再認識する必要があるだろう。

　さて、本論を締め括るにあたって、最後にトルコの国定教科書の記述を紹介しておきたい。

　日本の高等学校に相当する学年で使用されている『中等教育　トルコ共和国革命史とアタテュルク主義』（2013年発行）では、「皇帝制（スルタン）の廃止をもってオスマン国家は法的に終焉した」と記述されている。滅亡の時点が明確に述べられている一方で、「法的に」という留保もつけられている。この記述が当時のトルコ大国民議会政府とその後継たる現在のトルコ共和国政府の立場を反映しているものであることは、もうおわかりだろう。

「土国皇帝廃位」『大阪朝日新聞』1922.11.5（神戸大学経済経営研究所 新聞記事文庫24. 政治・行政01. 政治）　メフメト6世の廃位を報じる当時の日本語の新聞記事。「土國」とはトルコ国のこと。共和国建設が同時に布告されたかのように報じているが、トルコ共和国が実際に成立したのはほぼ1年後の1923年10月29日である。

＊本論は、粕谷元「オスマン帝国はいつ滅亡したのか」『研究紀要（日本大学文理学部人文科学研究所）』第90号（2015年）を改稿したものである。

参考文献

大河原知樹・秋葉淳・藤波伸嘉訳「［全訳］オスマン帝国憲法」東洋文庫リポジトリ、2022年3月15日公開　https://toyo-bunko.repo.nii.ac.jp/records/7585（最終閲覧日：2024年7月1日）

粕谷元「トルコ革命―オスマン帝国からトルコ共和国へ―」『アジア人物史　第9巻　激動の国家建設』集英社、2024年、797～864ページ

西洋前近代史 その学びと目指すもの

西洋史

伊藤雅之 Ito Masayuki

どのように学び始めるか？

　西洋前近代史は、大まかにいって、古代の地中海沿岸域、および中世・ルネサンス期くらいまでのヨーロッパの歴史を扱う。もちろん、非常に範囲が広いため、このすべてを専門的なレベルで研究しようという人はまれである。それでも、その学びの始まりに関する話や、またその中で何を得られるかという点については、共通する部分が多い。そういうことから、この章では取り扱うトピックの幅広さを承知の上で、あえて西洋前近代をひとまとめにしたまま話を進めていくことにする。

　そしてまずこの分野を学ぼうという方に伝えておきたいのは、西洋前近代史の学びは、ピースの多数が失われたパズルを暗い部屋の中で解くような営みであるという点である。というのも、現代史や、さらにはまた、つい最近に起こった事件の全貌を解明しようという場合でさえもそうなのであるが、そもそも情報は一般に、時の経過とともに減少し、また変容していくからである。例えば昨日の夜に何を食べたかを思い出すことは難しくないが、一月前の夜の食事の内容を自信たっぷりに答えられる者は珍しいだろう。またどうにか「思い出した」としても、何か記憶違いが生じている可能性もある。仮に日記をつける習慣がある人でも、事情はあまり変わらない。大概の人は、自分が大事だと思っていること以外の情報にはそれほど注意を払わず、そして毎度の食事の内容を事細かに書くことを重要視する人は明らかに少数派だからである。そしてさらに、伝言ゲームの要領でその情報を別の人間に伝えるとしたらどうだろう？　間違いなく、他人の晩御飯の内容は多くの者にとって重要でない情報なので、その伝達は多くの人を通すほど不正確の度を増

していくことだろう。西洋前近代史は、こうした情報の消滅や変容が生じうる時間が、控えめにいっても500年から2000年ほどは挟まっている先のことを論じる研究領域なのである。このため、調べようと思っても調べようがないというトピックや、情報が限定されているために答えを１つに絞りきれない問いが数知れず存在する。

　このような事情もあって、少なくとも学び始めの段階においては、西洋前近代史に関しては細かな情報やその「意味」を苦労して覚える必要はない。それは多くの場合、あくまで「今たまたま伝わっていること」や「今ある情報の範囲で導き出しうる解答 or 解釈の１つ」に過ぎず、新たな情報や解答案が加われば容易に覆るかもしれないからである。実際、当初は強権的に集められた労働者に無理やり作らせていたのではないかと考えられていたピラミッド建設についてのイメージが（これは古代ギリシアの歴史家ヘロドトスの『歴史』第２巻124章の記述が影響している）、様々な理由から欠勤することが認められていたことが記されている石板の発見により、案外と融通が利く労働環境だったのかもしれない、というように大きく修正されたこともある。

　では、こうしたどこか足元に不安を感じる西洋前近代史の学びは、どのように取り組み始めればよいのだろうか？　手堅いやり方の１つは、『〇〇史研究入門』を読むことである。これに類する書籍は西洋前近代史以外でも刊行されており、また当然ながらその執筆者は書籍ごとに異なっている。ただそれでも間違いないのは、どの入門書であれそのタイトルの通り、その「〇〇史」の研究をこれから始めようとする者にまず知ってほしい事柄、例えば専門書や論文を読んでいくのに必要な知識を伝授することを中心的な目的の１つとしていることである。

　すでに気づいている方も多いかもしれないが、ある時代のとある地域で起こったことなどを軽い筆致やイラスト、また簡単な地図などを交えて説明してくれる書籍、いわゆる「一般書」と、その分野を専門的に研究しようという者を主な読者と想定している「専門書」および「論文」との間には、その読みやすさの程度に大きな断絶がある。具体的には、後者は読者に対し「このくらいの知識は事前に持っていてくださいね」という類の要求を、特に明

示することなく課している。このため、ごく素朴に歴史が好きであるという者がこれを読もうとすると、非常に大きな苦労を強いられることになる。『○○史研究入門』は、こうした、初学者にはどうにも厳しい「これくらいの知識」の不足を埋めるのに役立つのである。

　ほかにはまた、日本語に訳された史料を読むというのもお勧めである。歴史に関する書籍や論文は、突き詰めればいずれかの史料にある情報を足がかりに書かれている。考古学その他の文字が前面に出てはこない情報も重要であるが、それでもなお、人々が何らかの形で言葉による情報を残すようになる以前、つまり先史時代を研究する場合を別とすれば、文字は過去を探るのに真っ先に当たるべき材料だからである。このため、史料を読むことにはまず、それを使いながら書籍や論文を書く者と自分との間にある情報の格差を縮める効果がある。つまり書き手の側が根拠としてあげている情報が、本当にそこで行われている議論の妥当性の証拠としての能力を持っているかを自分自身で確認できるようになるわけである。

　さらにまた、実のところ、自分が興味を持っている時代や地域・人物などに関する史料は、総じて面白い。一般書はもとより研究書でも特に取り上げられはしないが、しかし読んでみると歴史上の人物や出来事がありありと目に浮かぶような情報が、史料にはふんだんにある。こうした楽しさや発見が、自分独自の研究テーマを見つけるきっかけになることも多い。

　ではそうした史料をどのように見つけるかであるが、1つのやり方としては、すでに取り上げた『○○史研究入門』の中の史料読解を取り上げた章などをチェックするというものがある。実は研究者たちは、予算などの都合がつけば積極的に史料を翻訳しそれを書籍にして刊行している。また論文雑誌にこれと思う史料やその一部を訳出して発表する者も多い。そして『○○史研究入門』の中には確実に、それが刊行された時点で何らかの形で翻訳が発表されている史料について説明を行っているセクションが設けられているので、その部分を見てもらえれば、多くの史料にそれほどの苦労もなくアクセスできる。とはいえ、きちんとした翻訳が刊行されていない史料も実際のところなお多い。それでも昨今は、プロ・アマを問わず、自身のホームページなどで試訳を公表しているという例もよく見られ、さらにこちらはPCで検

索をかければ容易に見つかるので、『○○史研究入門』でお目当ての史料が見つからなくとも、簡単には諦めないでもらいたい（日本語訳は見つからないが英訳は見つかるというケースも非常に多い）。

　またこうした史料翻訳や史料集の類には、訳者や編集者による解説および注釈がついていることも多く、これも非常に有用でまた面白い。というのは、まずそもそも史料を作成した人物は自分の知識や「常識」、そしてまた必要・欲求に基づきそれを書いている。しかし現代人同士でもそうだが、前近代、それも日本から遠く離れた地中海やヨーロッパの人々の「常識」ともなると、当然ながら現代日本人にとっての当たり前とは異なる部分も多い。さらにその史料作成者がごく普通に知っていたことも、現代日本人にとっては必ずしもそうではない。その作成者のその時点における必要・欲求であれば、なおさらである。史料の訳者・編者による解説や注釈は、こうした西洋前近代の人々と現代日本人の間の認識のギャップを埋めてくれる。そしてこのような、自分にとっては当たり前でないが他人には当たり前であるというような事柄を知ることは、とても刺激的な体験である。

　さて、ここまで『○○史研究入門』や史料についてなど、学び始めの者に向けての具体的な話を何点かしてきたが、もう１点、この節の締め括りとして述べておきたいことがある。それは、この学びに取り組む方には、その中での作業を通して個別具体的な知識や技術を習得することと並行して、「モノを教わる者」から「主体的に考え・主張する者」になっていってもらいたいという点である。というのも、これはこの章の後半部の話とも関わり、またこの節でも少し触れたことだが、まず過去についての情報は、単純に、その時に起こったことを後の者に正しく伝えるために発信されているわけでは必ずしもない。場合によっては、過去のある時に生じたことやその意味などを、自分が認識している形で他者にも認識してもらいたいという欲求に基づき送り出されることもある。また時には、自分としては正しく起こったことを伝えているつもりなのであるが、実はその中に誤認した情報が含まれてしまっているということもありうる。つまり、西洋前近代史に限らず、過去についての情報に接し、そこから学びや楽しみを得ようとするのは大変に結構なのであるが、それらの作者から教わる者の立場にい続けてしまうことは、

彼ら・彼女らの願望や誤解に振り回されてしまう危険を高めてしまうことにつながるのである。これを避けるため、これから歴史を学ぼうという方には、是非とも、自分が手にした過去についての情報がどの程度の妥当性を持つのかという点を主体的に考えること、いわゆる批判的考察にも取り組んでもらいたい。

　なお、蛇足になるかもしれないが、この主体的に考えるという営みに慣れ親しむのには、語学への取り組みが実は役に立つ。外国語というのはまさに、自分とは異なる常識や考え方を持つ人々の文化の最たるものの１つだからである。西洋前近代史の場合は、古代ギリシア語やラテン語がその代表格だが、研究書や論文の多くで使用されている現代英語にまずは力を注ぐというのでも構わない。ただどの言語を選ぶにせよ心してもらいたいのは、辞書を引くことや、その説明および例文を細かく読んでいくことを面倒くさがらないことである。知らない単語や表現は、辞書を見なければ多くの場合は理解できない。また、辞書を開いてすぐに目につく訳語を見ただけでは目の前にある文章を意味の通る日本語に訳せないことも多い。そうした場合には、辞書の説明や使用例を読み込み、そこから見えてくるその単語のニュアンスや許容される訳の仕方をくみ取って、理解可能な話を再構成していかなくてはならない。これは骨の折れる作業となることも珍しくない。しかしそこでの経験は、自身のその言語への理解を深めるだけでなく、その外国語で情報を発信する者のいわんとするところをより正確に認識し、また、他の者がその言語の文章を訳している時にそれが妥当であるかを主体的に考える力を身につけることにつながる。この意味で、外国語への取り組みは、歴史をより楽しむだけでなく、実用性の面からも、是非とも力を入れてもらいたいポイントの１つである。

事例紹介：プルタルコスの『ヘロドトスの悪意について』から考える情報伝達の歪み

　前節では、これから西洋前近代史を学ぼうという際にどこから手をつけたらよいのかについて述べたが、ここからは、この分野には例えばどのような

史料や議論があるのかを、1つの事例を紹介しながらお話ししたい。取り上げるのは、節のタイトルにも出した、プルタルコスという古代ギリシアの作家が著した『ヘロドトスの悪意について』の名で知られる作品（以下『悪意』と略記する）をめぐる話である。このトピックには、ペルシア戦争という紀元前5世紀に生じた古代ギリシアとその周辺地域の歴史に大きなインパクトを与えた事件についての情報と、そしてまたその情報の解釈をめぐる議論という、西洋前近代史の重要論点だけでなく、それ以外の分野に興味を持っているという方にも是非とも認識しておいてもらいたいポイントがいくつも含まれている。

どういうことかというと、まずこの『悪意』に出てくるヘロドトスは、高校世界史の教科書にも登場する前5世紀のギリシアの歴史家で、「歴史の父」と呼ばれることもあるヘロドトスのことである。彼はペルシア戦争と、この戦いが生じるまでのギリシア人たちおよびペルシアを中心とした東方の人々の歩みを『歴史』と名づけた作品にまとめた。同書は翻訳があるので現代日本でも読まれることが多いが、実は古代世界でも非常に広く、そして長く読み継がれ、またそのため、古代地中海沿岸域で暮らした人々のペルシア戦争についての基本的認識にも大きな影響を及ぼした。

問題は、そうした作品においてヘロドトスはどのようにこの戦いを描いたのかである。まとまった分量が残っていることもあって、ごく小さな文書などと異なり、様々な点を指摘できるのであるが、1つ確かなのは、彼はこの戦いを、いくつものギリシア人の都市国家が、対立や競争がありつつも、話し合いを通してともかくも団結し、圧倒的なまでに強大な専制君主国家ペルシアに立ち向かってこれを退けた、という方向性で描いている点である。

PCで検索してもらうなどすれば一目瞭然であるが、当時のペルシアは全ギリシアが一致協力してもなお遠く及ばないほどに広大な領域を支配していた。そしてそれにもかかわらず、戦いはギリシア人の勝利に終わった。この意味でヘロドトスが描くペルシア戦争は、ギリシア人の団結と力強さを象徴する事件となっているといえる（ただ、『歴史』第5巻97章でこの戦いをギリシアとペルシアの双方にとっての不幸と評していることからもうかがえるように、ヘロドトスは単純にギリシアを善玉、ペルシアを悪玉として描いて

いるわけではない)。

　他方で、ヘロドトスが描くところに従えば、この勝利は、すべてのギリシア人が等しくそのために奮闘したことでもたらされたものではなかった。実は、ギリシア人の中には重要な局面でペルシアに降伏し、その遠征軍に兵士を派遣した地域があったからである。その名をボイオティア地方という。この地域には、前4世紀に短期間ながらギリシアの覇権に手を伸ばす有力都市テーバイ(現ギリシャ共和国の首都アテネから北西に50km程度の位置にあり、日本では「テーベ」と呼ばれることも多い)などがあった。ペルシア軍がギリシアに進軍した前480年、このテーバイを中心としたボイオティア地方の人々は、同市の北西80kmほどの所にあった要害の地テルモピュライでスパルタなどの防衛部隊が敗れ、さらに同地に送り出していたボイオティア兵の生き残りがペルシア軍に降参したと知ると、それまでの反ペルシアの立場を翻しペルシア側に立つと宣言した(同調しなかった都市もあったがほどなく攻略された)。これによりペルシア軍はその南東にあるアテナイ(現アテネ)の領域になだれ込み、さらにその南西に広がるペロポネソス半島(当時はスパルタがそのほぼ全域を率いていた)をもうかがえるようになった。

　ヘロドトスはストレートに書きこそしないが、このボイオティアの動きは、ギリシアの団結とそれによる勝利という話の流れにおいては、明らかにこれに逆行する裏切り行為だった。実際、『歴史』第7巻233章2節では、テルモピュライでペルシアに降伏したボイオティア兵たちは、ペルシア王の支配下に置かれたことを示すため額に焼き印を押され、さらにこの時のテーバイの指導者の息子はその数十年後、ペロポネソス戦争の初期にアテナイの同盟国を策略により攻略しようとして失敗し逆に討ち取られてしまったというような、細かいながらもある種の因果応報があったことを読者・聴衆に印象づけるようなエピソードの紹介がなされている。またその後の部分では、翌前479年のプラタイア(ボイオティア地方の概ね南端に位置し、「プラタイアイ」と呼ばれることもある)の戦いでペルシア軍が大敗し、遠征の続行を断念して北に向けて総退却すると、ボイオティア人たちはその場に置き去りにされ、そして逆襲に転じたギリシア諸国の連合軍によりテーバイが攻略され、その他のボイオティア諸都市も降伏とそれに続く懲罰的な措置を受け入れざ

るを得なくなったことにも、それなりの紙幅を割いて触れている。この意味で『歴史』におけるボイオティアの人々は、間違いなく「裏切り者」にして「残念な人々」であるといえる。

　前述の通り、ヘロドトスの『歴史』は古代人の間でも非常に人気だったので、このようなペルシア戦争期のボイオティアの人々についてのネガティブなイメージも、繰り返し人々の間に広められることとなった。そして、こうしたヘロドトスが描き出す話の流れに『悪意』を著し異を唱えたのが、紀元後1世紀後半から2世紀初頭に活動したギリシア人の作家プルタルコスである（なお、この作品は伊藤照夫訳『モラリア10』〈京都大学学術出版会、2013年〉で日本語訳・解説を読むことができる）。彼はこの短編の第1章でまず、ヘロドトスはわかりやすく、また善良な人柄の持ち主であることを想像させる語り口で『歴史』の叙述を進めているが、しかし実は標的に選んだ相手については悪意を潜ませた描写をしていると訴える。そして自分は、ペルシア戦争期を生きた祖先たち、つまりプルタルコスの故郷であるカイロネイアや同市が属すボイオティア地方の人々（およびほかのいくつかの都市国家の者たち）はこうしたヘロドトスの悪意により不当に貶められているので、これを正していきたいという具合にその議論を始める。

　手始めにプルタルコスは、そもそも公正さを欠く悪意ある叙述には、一般に次の8つの特徴のいずれかが見て取れると論じる。1）取り上げている人物やその言動を必要以上に厳しい表現を用いて説明している。2）今まさに取り上げている話と直接には関係しないが、しかしそこに登場する者に人々が否定的な認識を抱きそうなエピソードを挿入している。3）それとは逆に、目下の話題と関係があり、そしてそれを知れば読者・聴衆がそこに登場する人物に肯定的な印象を持ちそうな話を省略している（なお、西洋前近代において書物は非常にしばしば音読された）。4）ある1つの事実について解釈が分かれているという状況で、信憑性が乏しい見方を必要以上に擁護している。5）何が起こったかはわかっているがその原因や当事者の意図が不鮮明な時、信じるに値しないような解答案を推している。6）取り上げている人物の成功を殊更に貶めている。7）取り上げている人物を遠回しにこき下ろしつつ、しかし自分はそのような非難を呼ぶような出来事があったと信じ

ているわけではないと述べて公正な立場にある者を装っている。8）少しばかりの称賛と多数の細かな非難の言葉を織り交ぜることで、率直かつ中立的な評者という雰囲気を醸し出そうとしている。

　類似している項目もいくつかあるが、現代的に表現すれば、プルタルコスは、過去について語る際には、読者・聴衆に特定の認識を植えつけるための印象操作が行われうると警鐘を鳴らしているといえる。そして、この指摘自体はもっともであり、またその8つの特徴についても、ひとまとめにしてもよさそうなものもあるが、殊更に誤りと強調するほどではないだろう。実際、過去についての叙述のあり方や、また情報の中にしばしば含まれるバイアス、つまり偏りを論じる話の中で、このプルタルコスの主張を大きく取り上げる論者も珍しくない（PCで「ヘロドトスの悪意（について）」と検索するだけでも、いくつもの記事が簡単に見つかる）。加えて、前述のテーバイがペルシアに与(くみ)するよう人々に働きかけた指導者の息子が後のペロポネソス戦争中に相手側に出し抜かれてしまったエピソードをあえて書き入れているなどの点を見ると、確かにヘロドトスには、同市やボイオティア人に対する冷ややかな気持ちと、それを読者・聴衆にも共有してもらいたいという意識、プルタルコスがいう悪意を読み取れなくもない。

　ただ研究者たちの間では、この『悪意』における議論は、全体としてはあまり説得的ではないというのが基本的認識である。というのも、すでに示した8項目を提案した後、プルタルコスは、今度はヘロドトスの『歴史』の中の個別具体的な記述を取り上げて批判をしていくのであるが、これが必ずしも妥当な内容となっていないからである。例えばすでに紹介した『モラリア10』の註および訳者解説は、プルタルコスは、トロイア戦争の発端となったと伝えられている、スパルタの王妃ヘレネがトロイアの王子パリスに連れ去られた件について、ヘロドトスは女性の側にその気がなければそもそもそうした事件は起こらないのだと論じているのはおかしいと述べ、男性側の暴力にさらされた女性をむしろ責めるような行為であるとして咎めている部分（『悪意』第11章）を、的外れな指摘の1つとして取り上げている。これは『歴史』第1巻4章に出てくる話なのであるが、しかし実は、上に示した「女性の側にその気が……」の部分はヘロドトスのコメントではなく、ペル

シア人の側でトロイア戦争の始まりをどう認識しているかを紹介している記述内のものなのである。つまりプルタルコスは、ペルシア側の認識をヘロドトス自身のそれと誤認しているか、もしくは、ペルシア側の認識であるという部分を書き落とし、ヘロドトスがそのように述べているのだというように話を変えて議論を進めているわけである。そして、もし前者であれば、プルタルコスは十分な状況確認をすることなしに対象を理不尽に非難していることとなり、また後者であるならば、それこそまさに「悪意」に基づき叙述を展開していることになる。

　プルタルコスの指摘のすべてがこのように説得力を欠いているわけではない。単純にヘロドトスと価値観を異にしていることによる異議申し立ても見られる。例えば、前述の通りヘロドトスはペルシア戦争をギリシア人・ペルシア人双方にとって不幸な出来事と見ていたが、『悪意』第24章はこうした評価を、異民族の魔の手からギリシア人が身を守り、また同胞を救うための栄えある戦いの価値を損なわせるものと論じている。またすでに見た「女性の側にその気が……」についても、プルタルコスの判断基準に照らせば、ほかにも探せば別の意見も見つけられたはずであるにもかかわらず、あえてこれを取り上げたというのは、「ペルシア側の認識」という体でヘロドトスはこうした見解を読者・聴衆に浸透させたかったというようにも捉えられることから、それを批判したというように解せなくもない。

　とはいえ、2つの史料を読み比べれば、それでもプルタルコスによる『歴史』の叙述への批判、もしくはヘロドトス本人への非難には、おそらく大半の者が、素直に受け入れるには説得力をいまひとつ欠くという評価を下すだろう。実際、『悪意』が著された後も『歴史』は読み継がれ、またその写本も繰り返し作成された（現存最古の写本は10世紀に作られている）。しかしながら、プルタルコスの議論は、その中におけるある種の矛盾や不合理性も含め、西洋前近代史をこれから学ぼうという人間だけでなく、1人の社会人として多様な情報に向き合っていかなければならない者のすべてにとって、なお留意する価値のある部分も多い。

　まず彼の訴えは、前述の8項目もそうであるが、『悪意』やまたその議論が多少なりとも示したように『歴史』でさえもが、あくまで等身大の人間が

書いたものだということを改めて教えてくれる。「史料」や「証言」、「証拠」と位置づけられてしまうと、どうしてもそこで述べられている内容を動かしがたい事実であるかのように感じてしまいがちになるが、しかし自分と同じ人間である以上、その作成者も、常に同じ精神状態を維持しているわけでもなければ、誤解や判断ミスをしてしまうことや、対象についての好き嫌いの気持ちを抑えきれないこともありうるわけである。こうした情報の誤りや偏りを生み出す要素への認識は、学問的に歴史に取り組む時だけでなく、実務の中で何らかの判断をする際にも非常に有用だろう。

　加えて、プルタルコスのボイオティア人擁護は、大きな歴史の流れから個々の状況を安易に判断することの危険性と、またそれとは異なる観点が成り立つのではないかと考えることの重要性を教えてもくれる。例えば前述のように、『歴史』の方向性に従えば、テーバイなどボイオティアの人々はペルシアに味方したという意味でギリシア人を裏切ったといえる。しかしペルシアの強さを考えこれに味方したのは彼らだけではなかった。そもそもテルモピュライの防衛線が突破されるはるか以前から、ヘロドトスの故郷であるハリカルナッソスはペルシアの従属下にあり、ペルシアの遠征軍には同国からの兵士たちもいた。さらに、テルモピュライのような要害堅固な地形がほかになかったことから、同地での敗戦後も反ペルシアの立場を維持した国々の中で特にスパルタをはじめとしたペロポネソス半島の諸国は、それなりの規模の艦隊をアテナイ近くのサラミス水道に送り出した一方で、陸上部隊は半島の付け根のコリントス地峡に移動させそこに新たな防衛線を築くという動きを見せていた。この幅6kmほどの地峡を封鎖することでペロポネソス半島内にペルシア軍が陸路で進入するのを阻止しようとしたわけであるが、これは、半島の外は半ば見捨てるという意思表明でもあった。当然このことは半島外の国々には非常な問題行為と映り、『歴史』第8巻75・76章でヘロドトスが述べるところが正しければ、こうした事態を受けてアテナイ軍を率いていた将軍テミストクレスは、ペルシア側にギリシア諸国の結束の乱れをあえてリークして、派遣した艦隊をも撤退させようとしていたペロポネソス諸国の者たちの退路を断つようペルシアの艦隊を誘導し、そうしてペロポネソス諸国の海軍にもサラミスの海戦への参加を余儀なくさせたという（この海

西洋前近代史　　151

戦での勝利を受けてペロポネソス諸国の陸上部隊もしばしの逡巡(しゅんじゅん)はありつつも前進し、前述のプラタイアの戦いが勃発することになる)。要するに、結果的に、反ペルシアの立場をともかくも維持しペルシア軍を追い返すことに成功した国々もまた、ぎりぎりの決断といくらかの偶然の要素(例えば、ボイオティアよりは南にあったため、勝利の立役者となったアテナイやスパルタは、テルモピュライ戦後も次の戦いに備える時間的余裕を得られた)からそれを成し遂げることができたに過ぎないとも評せるわけである。

　いくらか長くなってしまったが、今回のプルタルコスの『悪意』とヘロドトスの『歴史』のように、よく知られている出来事についての「説明」が、実は1つの解釈に過ぎず、そしてまたそこには生身の人間であるからこその想いや事情が影響していることも珍しくない。西洋前近代史の場合はまた、現代の日本と時間とさらに空間的にも距離があるため、「常識」のズレへの注意も欠かせない。それでも、こうした情報の扱いとそこで生じる技術的、そして感情的な領域(その中には今回のプルタルコスが指摘するような悪意や、また彼自身の「不当なことが起こった」という認識に基づくある種の怒りなども含まれる)の影響への理解は、各人の工夫次第で、日々の生活の中で生じる大小の問題の解決にも大いに役立ちうるものである。こうした学問と生身の人間であるがゆえの事情・活動の結びつきを意識しつつ、過去への学びに向かってもらえれば幸いである。

西洋史

ソ連社会主義体制下のロシア・ソ連史
ロシアにおける第一次革命研究の変遷

土屋好古
Tsuchiya Yoshifuru

「科学」としての歴史と歴史学に内在する主観的要素

　「それは実際いかなるものだったか」——これは19世紀の歴史家レオポルド・フォン・ランケ（1795〜1886）の言葉である。ランケはこの言葉に基づいて歴史を探究するために、原典・史料の客観的・科学的分析という近代歴史学の方法を確立したとされており、それによって「近代歴史学の祖」と呼ばれることになった。ランケによって「科学」としての近代歴史学が成立した。

　ランケは外交を中心とした政治の歴史を重視したが、その後の歴史学はランケの批判的継承も含めて様々な領域や方法を開拓しながら発展した。とはいえ、厳密な史料批判と一次史料に基づく実証がその学問的基盤であるということは不変であった。ところが、言語学の中から出てきたある考え方、単純化していえば「言葉が介在する限り、真実はわからない」という考え方は、歴史学が拠って立つ史料そのものの意味をも失わせかねないものであった。実証史学はある意味で危機に陥った。その結果、歴史学は「物語」や芸術としての文学と変わるところがない、という考え方が歴史家の中にも生まれることになった。

　これに対して、たとえばフランス革命の研究者であった遅塚忠躬（1932〜2010）は『史学概論』（東京大学出版会、2010年）において真正面から反論し、論理整合性と事実立脚性に基づく科学としての歴史学の立場を擁護した。それでも遅塚は歴史学が幾重もの曖昧さを特性とすることを認めている。また歴史学の曖昧さという点でいえば、遅塚も言及している一世代上のドイツ史家林健太郎（1913〜2004）の同名の著書『史学概論』（有斐閣、

新版1970年）においても、歴史学が対象の客観的叙述を第一の性格とするにもかかわらず、その対象が最初から純粋に客観化されることは困難だということが指摘されている。歴史家が問題を設定して史料を渉猟し、その史料に基づいて歴史像を組み立てる時、そこには主観的要素が入り込むことはおそらく避けることができない。このことを、林と同世代の、明治維新研究などで有名な遠山茂樹（1914～2011）は、日本の戦後歴史学の展開を描いた著書『戦後の歴史学と歴史意識』（岩波書店、1968年）の「あとがき」で、歴史学は「奇妙な」学問だという言葉で表現した。社会科学・人文科学のどの分野と比較しても、歴史学ほど教育、政治、国民思想と強く関連を持っているものはないというのである。

　このように近代歴史学は科学であることを標榜するが、歴史を解釈し叙述する歴史家が存在する以上、言葉が介在する史料の恣意性をひとまず置くにしても、歴史研究においては主観的要素が避けられない。しかも歴史家は自己を取り巻く政治的・社会的環境から完全に自由ではありえない。つまり、歴史学は歴史家個人としての主観だけでなく、歴史家を通して歴史家を取り巻く外的環境にも影響を受けるのである。社会主義革命による国家形成と社会主義ソ連の崩壊という2度にわたる大きな政治的・社会的変動を経験したロシアの歴史学には、こうした歴史学に内在する特性が、とりわけ顕著な形で現れていた。それは社会主義国家が、自らの建国の礎となったマルクス主義と、その思想をロシアに適合させて1917年の10月革命によって社会主義ロシアを実現したレーニン（1870～1924）の思想と行動、つまりマルクス＝レーニン主義を、政治だけでなく学問の領域においても拠って立つべき準拠枠に据えたためである。とりわけ自国史においては社会主義国家建設の正統性に関わるだけに、その規定力は強いものであった。

　ところで、カール・マルクス（1818～83）とフリードリヒ・エンゲルス（1820～95）が創唱した史的唯物論は、社会の生産力と生産関係の矛盾が社会発展の原動力だと考える。社会のあり方は、生産様式によって規定され、原始共同体的、奴隷制的、封建制的、資本主義的段階を経て、将来それは社会主義的段階に至ると考えられた。資本主義段階までの歴史（つまりマルクスたちの生きた時代までに現実に存在した歴史）の各段階においては、生産

力と生産関係の矛盾は階級闘争という形をとって現れるとされた。マルクス主義は、19世紀以降の資本主義の時代に、支配的階級であるブルジョアジーに対して、資本主義がもたらす種々の抑圧に苦しむ労働者階級の階級闘争を通じた解放と社会主義の実現を提唱することで、単なる学問を超えて社会変革の思想として世界中に広がった。マルクス主義者たちは、各地で社会民主党や社会民主労働党などという名称の革命政党を作った。第一次世界大戦以前には、社会民主主義とマルクス主義はほぼ同義であった。レーニンが創設に関わったロシア社会民主労働党もそうしたマルクス主義の組織の1つである。

ソ連におけるマルクス＝レーニン主義の第一次革命論

　第一次革命とは、1905年にロシアで起こった革命で、日露戦争中の出来事であったので戦争の帰趨にも影響を及ぼすなどしたが、ロマノフ朝政府を倒すことはできず、国会の制度を達成したものの言葉の本来の意味としての革命としては敗北したものである。第一次革命当時ロシア社会民主労働党の指導者の1人で、自らの党派ボリシェヴィキを率いていたレーニンは、ロシア社会の現状を分析し、それに基づいて革命のあるべき姿、革命党がとるべき戦略・戦術などについて亡命先から盛んに発信した。さらに、彼は1917年革命後も折に触れて第一次革命の意義について発言した。

　ソ連の歴史学における第一次革命研究に大きな影響を与えたレーニンの第一次革命理解には、次のようなものがある。社会主義革命達成後にレーニンは、敗北に終わった第一次革命を成功した1917年の10月社会主義革命の「総稽古」だと考えた。第一次革命の経験がなければ、10月革命の勝利はなかっただろうというのである。この見方は、第一次革命を常に10月革命との関連で見るという傾向を生み出した。第一次革命当時ロシアの革命家にとって、成功した革命のモデルはフランス革命であり、それは民衆が蜂起して権力を打倒するというものであった。したがって、革命家たちは革命の頂点は武装蜂起であるという展望を持っていた。後年のソ連の歴史家たちがレーニンにならって、第一次革命をボリシェヴィキが立ち上がって臨時政府を倒した

1917年10月革命のプリズムを通してみる時、第一次革命の頂点は1905年12月にモスクワをはじめとするいくつかの場所で生じた武装衝突だとする理解が一般的になった。

　もう一つの影響力のあるレーニンの指摘は、第一次革命が新しいタイプの革命だということである。徐々に工業化が進展し資本主義が発達しつつあったとはいえ、西欧と比べればなお後進的であったロシアにおける革命はブルジョア社会を実現し資本主義を十全に発達させるためのブルジョア革命である、という考えはロシア社会民主労働党の中で大方の一致した考えであった。フランス革命が、新たに台頭したブルジョアジーの力で封建的王政を打倒して、ブルジョア社会を実現したという歴史が共有されていたといえよう。レーニンもロシアでの革命がブルジョア革命であることは否定しなかった。しかし、彼はこの第一次革命は、脆弱(ぜいじゃく)なロシアのブルジョアジーによって推進されることはできず、圧政と資本の抑圧に苦しむ工場労働者＝工業プロレタリアートが革命の指導勢力となったと考えた。そして、その闘争手段はプロレタリアートに特有のもの、つまり大衆的ストライキだと考えたのである。彼は、第一次革命を、社会的内容から見ればブルジョア民主主義革命であるが、運動の指導勢力や闘争手段から見ればプロレタリア革命だと特徴づけた。

　第1点と第2点が相まって、レーニンが指導するボリシェヴィキの革命戦術が正しかったことが当然視される一方、第一次革命当時ブルジョアジーの役割とプロレタリアートの役割をめぐってボリシェヴィキと論争していたメンシェヴィキの誤謬(ごびゅう)が強調されることになった。こうしてボリシェヴィキ中心史観とでもいうべき状況が生まれた。加えて、ソ連の歴史学全体が共産党の一党支配のもとで、1920年代末以降徐々に国家に従属しその政治思想を支える役割を付与されるようになったという点も指摘しておかなければならない。

　以上のような枠組みの中で、ソ連の歴史家たちはレーニンのテーゼを証明し、精緻化・強化するために史料の発掘とその公刊に力を尽くしながら、研究を推進した。例えば、第一次革命研究に関していえば、革命50周年を期に刊行が始まった革命時の官憲史料や労働者、農民の運動に関する史料を大量に掲載した第一次革命大史料集の貢献は重要なものであり、自由主義陣営に

関する史料などが手薄である点を差し引いても、今でもその価値は決して失われてはいない。

ソ連史学による西側ブルジョア史学批判

　さて以上を踏まえて第一次革命に関してソ連の歴史学界がどのように議論を展開したのかを、冷戦期におけるソ連史学による欧米の歴史学批判を素材として考えてみたい。素材とするのは1976年にズイリャーノフとシェロハーエフという2人の歴史家が書いた、英米歴史学の第一次革命論に対するソ連史学からの批判である。筆者たちはまず序文の冒頭で、第一次革命は帝国主義時代の最初の民衆革命であり、新しいタイプの革命的マルクス主義政党（つまりボリシェヴィキのこと－土屋）に導かれたプロレタリアートが主導勢力として政治の舞台に登場した最初のブルジョア民主主義革命であると、レーニンを受け継いだソ連歴史学の定式を提示する。彼らは、1950年代初めに英米のブルジョア歴史学には、19世紀末から20世紀初頭のロシアに生じていた社会経済的・政治的諸過程に関する新しい議論や概念が現れ、それらは社会主義革命後のロシアからの亡命者たちによるあからさまな反ソ連的叙述とは異なってニュアンスに富んだものにはなっているが、その階級的傾向がなくなっているわけではなく、資本主義国家の支配階級の志向を多かれ少なかれ反映しているのだ、と把握する。

　第一次革命の前提をめぐる問題については、著者たちが「西欧化」論、「外部からの革命」論、「近代化」論として括っている議論が批判の俎上（そじょう）に載せられている。「西欧化」論は、革命の前提を主に政治的なものに見出して、本質的に社会的経済的前提を無視している、と両著者は指摘する。ロシアの歴史発展を、西欧の諸制度、技術、生活様式の借用に帰するこの議論は、国家と、自由主義ブルジョアジー・自由主義的地主・一部の知識人などからなる「社会」との闘争という、帝政期の自由主義歴史家による議論の系譜を引くものだとされる。しかし、著者たちによれば、専制政府は階級超越的な存在などではなく特権的諸階級、とりわけ地主貴族と緊密な結びつきを持っていた一方で、「西欧化」論ではひとまとめにされる「社会」も、複数の政治

的陣営に分裂していたというのが歴史の実相であった。

　社会的経済的な問題を欠落させていた「西欧化」論を補完するようにして、「外部からの革命」論が現れた。これは、1890年代、当時の大蔵大臣であったセルゲイ・ヴィッテのもとで推進された工業化は、それに対する準備ができていなかったロシア社会で否定的な反応を引き起こし、それが革命につながったと見るような議論である。これに対しても、著者たちはロシアの歴史の実態を正しく理解していないと批判する。一例として、第一次革命前夜にロシアで活動していたモスクワ工業地帯の民族的大資本家たちは、すでに3世代目、4世代目の人々であったし、ブルジョアジーと並んで多数の労働者階級も形成されていたことが指摘されている。つまりヴィッテの工業化以前にロシアに工業化の準備ができていなかったわけではない、ということが示されているのである。

　著者たちによれば、「近代化」論は先行する諸議論を総合するものであった。そこでは社会発展の様々な側面が視野に入れられているが、とりわけ二つの基本的な問題である「社会的流動性」と「『伝統的』制度から『現代的』制度への移行」が検討されている。英米の研究においては、後者の問題については、専制国家が階級超越的であっただけでなく、ロシアの近代化にとって積極的な推進者であったと理解される。そこから自動的に国民大衆の歴史的役割が軽視される。第1点の「社会的流動性」の問題は、20世紀初頭のロシアの社会構造、農民の動き、労働者階級、これらに関するそれまでの西側の研究の理解を総合している。その出発点の1つが、ロシアには資本主義社会の階級としてのプロレタリアートは形成されていなかったというテーゼである。このような議論は、上述のような革命理解に立つソ連の歴史家には到底受け入れがたいものであるから、ソ連における研究蓄積などにも言及しながら反論が繰り広げられている。実はロシアの労働者階級の性格をめぐっては、現在に至るまで西側での研究においても議論が分かれている。なお、農民に関する研究については、ソ連の研究者から見てより正しい理解に近づいていると評価されるものが現れてきていることも指摘されている。

　第2章以下では、プロレタリアート、農民、自由主義、専制政府の問題が検討されているが、ここでは紙幅の関係もあるので、ソ連歴史学にとって最

も根本的な問題であるプロレタリアートをめぐる西側の研究への批判を簡単に紹介しよう。両著者はまず英米の研究が、労働者階級の主導的役割を否定し、労働者の闘争の政治的側面を考慮せずもっぱら経済的要求にのみ焦点を当てていると批判する。また第一次革命を、ソ連の歴史学におけるように1905年から1907年という期間で把握するのではなく、1905年にのみ限定して考えていることが労働者の運動の過小評価にもつながっているのだという。

　以上を指摘した上で、個別の問題として労働者の運動における自然発生性と自覚性、闘争の政治的形態と経済的形態の関係、1905年に初めて生まれたソヴィエト（17年革命でも作られ、ソ連＝ソヴィエト社会主義共和国連邦の国名のもとになった）という組織の発生と歴史的意義、1905年12月の武装蜂起という4点が検討に付されて、英米の研究者の見解に反論が加えられている。両著者は、英米の研究が実は新奇なものでも独創的なものでもなく、第一次革命当時の自由主義政党の立憲民主党やボリシェヴィキと論争していたメンシェヴィキによる革命におけるプロレタリアートの役割に関する立論や実践に回帰しているのだと総括している。

　もとより以上のような批判は学術的なものなのだが、ここで特徴的なのはそれが学術の領域にとどまらず、冷戦下での思想的闘争の一環をなしているということであろう。両著者は、英米の著者たちによる第一次革命の世界的な革命的プロセスへの影響を批判することには、現代の（つまり1970年代半ばの）思想闘争にとって特別な意義があると明言している。ちなみにソ連社会主義がまだ国際的に大きな影響力を有しており、資本主義側と勢力圏獲得をめぐって競っていた冷戦の時代に、アメリカ合衆国でも政治と密接に結びついた歴史観が現れている。それは「近代化」論と呼ばれるものである。その内容はここでソ連の歴史家たちが「近代化」論として括ったものとは必ずしも完全には重なり合わないが、新興諸国がソ連型計画経済などを採用せずとも工業化しうることを展望しようとした、イデオロギー色の濃い歴史観であった。

体制変化と歴史学の変化

　以上のようにソ連の歴史学はマルクス＝レーニン主義を準拠枠として研究を推進するとともに、ソ連国家の公式イデオロギーを支える役割を担っていた。こうした状況が変化するのが、1980年代後半に始まるペレストロイカの時期である。歴史の見直しという新しい考えのもと、従来の硬直したマルクス＝レーニン主義の枠組みも見直され、新たな方法論やテーマ、視点が取り入れられるようになった。西側の歴史家との開かれた議論の機会も増大した。ソ連社会主義の崩壊は、そうした方向に拍車をかけた。西側の研究に対する批判も教条的ではなくなり、よりニュアンスに富んだ、冷戦思考から解き放たれたものに変化した。同時に、社会主義体制の崩壊は革命や労働運動という社会主義国家の根幹に関わるテーマへの関心を低下させた。ソ連崩壊後しばらくは、これらのテーマに関わる研究は減少していたように見える。歴史研究の課題設定自体が社会状況・政治状況に影響を受けることの証左であろう。

　ソ連崩壊後生まれた第一次革命研究の新しい傾向については、2016年に公刊された１巻本の第一次革命百科事典が端的に示している。この百科事典はソ連崩壊後の第一次革命研究の、現時点における到達点を示すものだと思われる。例えば、同百科事典の「外国における歴史叙述」の項では、いくつかの時期区分に従ってソ連以外の国々の研究史がかなり詳細に辿られているのだが、前述のズイリャーノフ／シェロハーエフによる英米史学批判と年代がある程度重なる「1960年代半ばから1980年代」の節の記述では、この時期に西側で第一次革命研究がそれに先立つ時期よりもはるかに多くの注意を引いていたこと、ズイリャーノフ／シェロハーエフの著作では指摘のなかった「修正主義」が重要な流れとして出現したことが指摘される（ここでいう「修正主義」は、史実を意図的・恣意的に歪曲（わいきょく）するいわゆる「歴史修正主義」とは別物である）。「修正主義」の歴史家たちはしばしば労働運動の研究に取り組んだが、そのアプローチは伝統的な歴史家とは異なっていた。西側の伝統的な理解では、第一次革命におけるロシアの労働者の気分は革命的インテリゲンツィアの影響の結果であると見なされ、また工業の発展に伴う賃金の

上昇や労働条件の改善、穏健な高賃金労働者の発生などによって労働運動の改革的な道の可能性が指摘されていた。これに対して、「修正主義」歴史家たちは、資本主義の発展は政治的に自覚的で急進的なプロレタリアートを形成したとし、また労働者の政治的不満の主たる原因は労働や生活の悲惨な状況であると考えた。こうした修正主義者の見解は、同百科事典においては明示されてはいないが、むしろソ連の労働者研究に接近しているように見える。このように同百科事典の記述は、西側の研究をブルジョア史学としてひと括りにして批判するのではなく、その中にも様々な見解やアプローチの違いがあった事実を丁寧に紹介しているのである。

　ロシアは20世紀に２度の大きな体制変化を経験した。それはロシアの歴史学のあり方にも多大な影響を及ぼした。社会主義時代には、国の思想的基盤であったマルクス＝レーニン主義が歴史学研究の唯一の方法的準拠枠であった。もとよりマルクスやレーニンの考え方に沿って歴史を構想すること自体は間違ったことではない。日本を含む西側諸国にもマルクス主義の立場から研究を進める歴史家は多く存在していた。我が国の歴史学も含めて、マルクス主義が歴史学の発展に大いに貢献したことは否定できない事実である。また、歴史学が何らかの政治的傾向を帯びることも社会主義国にのみ見られた現象ではない。アメリカで近代化論が生まれた背景には、第二次世界大戦後に数多く成立した新興国において、東側＝社会主義圏からの影響を阻止するためにソ連型計画経済とは異なる道筋で工業化が可能であることを示す必要があったという政治的な事情があった。ソ連史学において問題であったのは、歴史を理解するための枠組みがマルクス＝レーニン主義の教義によって独占され、多様なアプローチの可能性が閉ざされていたことにあるだろう。

　ソ連史学の経験は、歴史学という学問に内在するある種の「危険性」を明示的に示すものだといえよう。しかし、いうまでもなくこうした「危険性」は、どこの国の歴史学にも潜んでいる。歴史を研究するにあたっては、そうした事実に自覚的であるべきである。遅塚は、私たちの歴史認識は解釈の複数性から逃れることはできないが、複数の解釈の中から、反証テストによって相対的に優れた解釈を選び出すことは可能であり、それが歴史学の客観性（遅塚の用語でいえば「柔らかな客観性」）を保証するのだと述べている。歴

史認識の枠組みを狭めてしまっていたソ連史学の経験は、異なる解釈や方法に対して真摯に耳を傾けて常に開かれた議論を心がけるべきであることを、改めて私たちに教えている。

読書案内

小田中直樹『歴史学のトリセツ―歴史の見方が変わるとき―』筑摩書房、2022年：若い読者に向けた歴史学入門

土肥恒之『岐路に立つ歴史家たち―20世紀ロシアの歴史学とその周辺―』山川出版社、2000年：近世ロシア研究で知られる著者による、ソ連初期のソ連歴史学の描写

和田春樹『私の見たペレストロイカ―ゴルバチョフ時代のモスクワ―』岩波書店、1987年：日本を代表するロシア史家による、ソ連の歴史学界に関する考察も含むペレストロイカ観察

考古学・文化財

考古学から歴史を考える

浜田晋介 Hamada Shinsuke

考古学とは何か

　考古学は高校まで授業で習う科目ではない。そのため、考古学が目的とすることや研究方法などは、大学に入学して初めて学ぶ人が多い。筆者もそのうちの1人である。考古学とはどのような学問なのか。ここでは考古学に興味がある初学者向けに、まずはその学問の目的や研究方法などについて触れ、考古学から歴史を考える方法や成果について解説してみたい。

　「考古学」と聞くと、土器や石器など考古学が扱う資料、また遺跡や発掘調査など関連した言葉を思い浮かべる人が多いであろう。また、時にはネットを通じたニュースなどで画像や動画を見たことがある人も多いと思う。こうした言葉や情報は「考古学」の内容をおぼろげながらイメージできるが、断片的な情報であるだけに間違ったイメージを持たれている方も多い。例えば大学の授業で考古学を初めて受講する学生に、「考古学では化石や恐竜は扱わない」と話すと驚く学生が一定数いる。「考古学」と化石や恐竜を扱う「古生物学」「地質学」「地球科学」などを同じだと考えているのである。その原因は「大昔のことを研究する学問」「発掘調査を行う」「物を研究対象にする」といった両者に共通の情報から形作られているようである。しかし、その範囲や内容は明確に違っているのである。

　考古学の定義は研究者によって異なっているが、「人類の残したモノを材料に、人類の過去を研究する学問」という内容は共通しているであろう。つまり考古学の目的は「人類の過去」を研究することであり、人類が存在しない「恐竜」の時代は対象にできないのである。また「恐竜」が絶滅したとされるのが6500万年前であるのに

対して、人類が登場するのは700万年とも800万年ともいわれており、タイムスケールとして1桁新しいのが考古学の分野である（ただし、人類が生まれても人類が作り出したモノがないと考古学の対象とはできない）。こうしたタイムスケールの隔たりは、両者が「発掘調査を行う」としても、考古学はスコップやシャベルで遺跡を掘って記録を取るのに対して、古生物学はハンマーを用いて化石を採取・記録化するという違いとなる。掘削対象が考古学は土で古生物学は岩といったイメージであろうか。「物を対象にする」ということも古生物学が生物の化石などが主なものであるのに対して、考古学は土器や石器などの鉱物由来の資料もあるが、化石になっていない骨や植物（木の実・炭になった樹木など）、金属製品などのほかに住居や墓もあり、分析対象とする種類が異なっている。21世紀以降は、顕微鏡や分析数値でしか表せない目に見えない資料も、主な研究対象となっている（目に見えないものも分析対象とするため、目に見える物体としての物ではなく、「モノ」とカタカナ表記しておく）。こうした学問の目的や扱う資料の違いを示せば、恐竜を扱う「古生物学」などは人間が関与しない自然現象を対象とする「自然科学」であり、「考古学」は人間が作り上げた文化を対象とする「人文科学」の専門領域に含まれていることが理解できるであろう。

考古学と文献史学

　さきほど考古学を「人類の過去を研究する学問」と定義しておいたが、もう少し詳しく述べると「人類が行ってきたことや過去に何があったのか」を調べることが目的だといえる。このように述べると同じような目的を持った学問として「歴史」を思い浮かべることができるであろう。小学校以来習ってきた授業科目の「歴史」である。つまり「考古学」と「歴史」は同じ目的を持っている学問なのである。ではその違いは何か。目的を達するための分析材料が異なっているのである。「考古学」はモノ、「歴史」は当時のことが記録された書物や手紙など文字で書かれた史料を材料に分析するのであり、「考古学」に対して「文献史学」と呼び、両者を合わせて「歴史学」という専門領域を構成しているのである（ほかにも民俗学などを含めることもあ

る）。日本の大学の多くが「考古学」を文系の（歴）史学科に配置しているのはそうした理由がある。

　考古学と文献史学が研究材料の違いによって分けられると説明すると、多くの読者は文献の存在しない時代を考古学、文献の存在する時代を文献史学の研究領域とする、と考えるかもしれない。しかし、それは間違いである。確かに文献史学は文献が存在していなければ（分析対象がないので）研究することは不可能である。しかし、考古学は人類が作り・使ってきた道具（遺物という）や、住まいや墓を作るために土地を改変した跡（遺構という）が存在すれば、文字があろうがなかろうが研究の対象にできるのである。そのため、考古学が研究対象とする時間的な領域は、遺物・遺構を人類が作り始めてから現在までということになる。今日本国内で多くの発掘調査が行われているが、文献史料の多く残る近世（江戸時代）の遺跡（遺物と遺構が存在する場所）も調査対象としているし、2022年に明治5年に開通した鉄道橋脚（高輪築堤）が発掘調査で発見されたニュースを覚えている方もいるだろう。つまり考古学は遺物・遺構・遺跡のモノ資料から抽出された情報を分析することで、人類の過去に迫るという特質がある。

　考古学のこの特質 —分析資料がモノ資料であること— が文献史学との関係性の中で、力を発揮することがある。モノ資料、特に遺物類は使用目的があって製作するため、遺物自体に後世の人々を欺こうとして製作することは基本的にないだろう。そのため、出土遺物が歴史の物的証拠として、文献に書かれた作為や虚偽をただすことも可能なのである。1つの事例を示しておこう。『日本書紀』巻第6垂仁天皇32年に、それまで古墳に葬られる人の死に際して、その人に仕えていた人も一緒に殉死させて葬っていた習慣を哀れんだ垂仁天皇が、人に代わり焼き物の人物を墓に並べるように命を下したという、埴輪の始まりの記事がある。この記事に書かれていることが本当であるならば、初期の埴輪から人をかたどった人物埴輪が存在していなければならない。しかし、発掘調査の成果では人物埴輪が登場するのは、古墳時代でも終わりの頃なのだ。初期の古墳に作られた埴輪は、弥生時代に作られた墓に立てられた特殊な土器が発展したもので、最初は円筒形をする埴輪だったことが判明している。『日本書紀』の記事は垂仁天皇の善行として、『日本書

考古学から歴史を考える　　165

紀』の執筆者が書き加えた虚偽の記録といえるのである。

考古学の特性と限界

　このように考古学は記録などの文献の虚偽・作為性を気にすることなく、出土したことを事実として出発することができる。しかし、文献がいつ、誰が、誰に、どんなことを、どのように行ったのかといったことや、記録者の心情がダイレクトにわかるのに対して、考古資料はそれ自体では何も語らない。目の前にある遺物・遺構（考古資料）がいつ製作され、何に使われたのかという根本的な情報も、その答えは考古資料を眺めていただけではわからず、研究することで初めて引き出せる性質のものなのだ。そのため考古資料から情報を引き出すための考古学独自の方法があり、あるいは理系の方法を応用して様々な考古資料から、多くの研究情報を引き出している。そうした研究情報を整理し比較することで、資料の年代推定、海外を含めた地域交流、社会構造の解明と変化、道具の変遷、物作りの技術の解明、人々の生と死など、人類が行ってきたことや何があったのかという過去の出来事を解明しているのである。

　ただし、考古学の研究を進める上で注意すべきことは多い。考古学はモノ資料が分析対象であるため、モノ資料として残りにくい考古資料の存在を考慮しなければならない。考古資料は土中に埋もれているのが通常の状態であるため、発掘調査で出土するものは、埋まってから腐敗・腐食せずに残ってきたモノである。日本の土壌は酸性土壌が多いため、その環境でも残りやすい石器・土器が出土品の中心になるが、植物性・動物性を素材とした道具を製作していなかったわけではない。これらの素材も残りやすい環境 ―例えば極端に乾燥している場所、水に浸かった場所、アルカリ性の高い場所― であれば出土しているので、遺跡からの出土品が当時の道具のすべてではなく、出土していないけれども使用していたであろう道具も想定しながら、当時の生活を解明していかなければならないのである。また、真逆の事例であるが、伊豆諸島の神津島から産出される石器の原料である黒曜石が、神奈川県を中心に本州の縄文時代の遺跡で出土している。こうした事例は神津島か

ら本州に黒曜石を運ぶための舟の存在と世界最大級の黒潮を横断する航海技術の存在を想定しなければならない。舟の実物が出土しているので、航海技術はそうした遺物から想像するしかない。

　さらに道具の製作者の意図や心情に関する解明は、考古学では不得手の部分である。どのような思いで作ったのか。そもそも何の目的で作ったのか。土器の紋様（模様）に何かしらの意味が込められているのか。といった分野である。縄文土器は地域によって、時間の経過によって様々な紋様がつけられているが、世界の土器を見ても模様の種類は異常なほど多い。そうした問題の解明は進んでいないのが現状である。また、ほとんど解明できないのは、当時の人々が言葉をどのように発していたのか、ということである。言葉は人が口から発した瞬間消えてしまい形として残らないので、考古学では分析対象にできない「モノ」なのだ。将来、新たな方法や技術が発明されるまでこの問題は解明できないのであろう。

研究の成果（何を食べていたのか）

　このように、考古学の特性と限界を理解してもらった上で、昔の人々は何を食べていたのかを題材に、考古学研究の一端を紹介してみたい。

　縄文時代は狩猟・漁撈（ぎょろう）・採集活動を行っていて、弥生時代になると農耕が始まる。高校の教科書にも載っているこの一般的な定説は、20世紀の考古学研究の成果から導き出されている。2000年以前に発行された書籍を見れば、揺るがない事実として書かれていることがわかるだろう。しかし21世紀になって縄文時代にも農耕（厳密には「栽培」）が行われていたことが定説となりつつある。このような考古学から見た時代像の変化が具体的にどのような方法や証拠によって形づけられてきたのであろうか。

　縄文時代や弥生時代に何を食べていたのか、を解明するために研究の当初は当時の食料となった実物から考えた。そしてそれは貝塚からの出土品が代表的なものであった。1877（明治10）年、大森貝塚で日本初の科学的な発掘調査が実施されたが、その時に獣骨（イノシシ・ニホンジカ）や魚の骨などが出土し、貝塚を形成する貝とともに、この貝塚を作った人々は陸生動物や

魚や貝を捕らえて食べていたと推測されたのである。これをきっかけに全国の貝塚の調査がされるようになり、石器時代（当時は縄文時代のことをこのようにいっていた）の人々は陸生動物を狩り、魚や貝を捕らえて食料にしていた、と認識されるようになってきたのである。

　それに対して弥生時代は縄文時代ほど貝塚が作られていないので、こうした方法での食生活を復元することができなかった。しかし、九州の竪穴（地面に掘った縦方向の穴）から弥生土器と一緒に焼けたコメが大量に出土することがわかってきた。つまり弥生土器を使う人々はコメを作っていたと推測されるようになった。そして東北地方でコメのしるしが残る弥生土器が発見され、同じ地域にある縄文土器にはそれがないので、弥生土器を使う時代になってコメの栽培が開始された。つまり農耕の開始は弥生時代にある、という推測がなされた。「コメのしるし」と書いたが、土器は粘土で形を作り乾燥するまでの過程で、粘土の内部や表面に色々なモノが付着する。細かな砂利は焼いてもそのままだが、小さな昆虫や植物の種の場合、そのまま土器を焼くと昆虫や植物の種は燃えて、土器の表面にその痕が小さな凹みになって残る。「しるし」とはこの凹みのことで、それに粘土を押しつけるとその凹みのもとの形が判明する（こうした方法を「土器圧痕研究」と呼んでおり、後述する21世紀の研究でも触れるので覚えておいてほしい）。こうした実物資料と土器圧痕研究によって、縄文文化が狩猟・漁撈の社会であり、弥生文化はコメ栽培を行った農耕社会であったと考えられたのである。当時はまだ縄文文化と弥生文化は同じ時代の異なった文化であると考えられていたが、こうした食料獲得の方法が異なることを基準として、縄文時代の後に弥生時代になると、1932（昭和7）年に提唱される。

　戦後になって縄文時代は、木の実、例えばクリ・クルミ・トチ・ドングリ（カシ・ナラ・カシワ類）などの堅い殻で覆われる堅果と呼ばれるものも出土するので、主食として食べていたのではないか？　という研究が推進されるようになる。そして特にトチを食料として加工する遺構が各地で確認されるに及んで、その考えは確定的となった。トチやドングリなどは今でも秋の野山で豊富に手に入る、自然の恵みである。栽培していなくとも自然の恵みを食料にできるので、縄文時代は採集を行っていた社会でもあると認識され

るようになってきた。一方、戦後直後に弥生時代の水田の跡が静岡県登呂遺跡で調査されたことで、弥生時代はコメを栽培する社会であるという考えが確定していくのである。そしてその水田は水路を持っており、現在の水田と同じ仕組みが弥生時代に存在していたことがわかり、現代と同じ高度な農業技術がすでに弥生時代に存在していた、と日本人に印象づけたのである。

　その後、1960〜1970年代を中心に縄文時代に農耕があったのでは、という研究（縄文農耕論）が台頭してきた。しかし、その当時縄文農耕論を支持する研究者の証拠が不備であったこともあり、縄文農耕論を否定する研究者の考えを覆すまでには至らなかった。こうした研究の流れがあり、1960年代には縄文時代は狩猟・漁撈・採集によって食べ物を得る社会、弥生時代はコメを栽培する農耕によって食べ物を得る社会と理解された。そして2つの時代や文化は全く異なった価値観（例えば食を得るのに弥生は土地が重要だが、縄文は1つの土地に縛られないという土地に対する価値観）や社会構造（狩猟・漁撈・採集活動と農業を比較すると農業の方が大規模な集団になり、集団をまとめるための仕組みが複雑になる）であると対比的に考えられるようになったのである。これは食を得る方法の違いが、日本の歴史上大きな転換期であったという理解に支えられながら、それが21世紀を迎えるまで1つの定説となっていたわけである。

縄文農耕論と弥生時代の畠作物

　しかし、考古学を取りまく研究方法や測定機器の進歩、分析道具の変化などによって、それまでの定説を覆す研究が、21世紀になって現れてくる。その代表的な方法が土器圧痕研究におけるシリコン素材の活用であった。それまで土器圧痕には粘土を押しあてて凹みの正体を探る方法であったが、それをシリコンにして、そのシリコン型を電子顕微鏡で探る方法が開発された。これによって粘土型では取れなかった小さな凹みにも応用でき、わかりにくかった凹みの表面の状態が鮮明になることで、電子顕微鏡での観察を可能にしたのである。この方法（レプリカ・セム法）によって、縄文時代中期（約5000年前）の土器にダイズ（ダイズの若い段階のマメが枝豆）の圧痕が見つ

弥生時代中期前半土器についたアワの圧痕（栃木県上仙波遺跡出土：日本大学文理学部蔵）　左下のアワの写真は中山誠二氏提供。

かった。ダイズは野生の状態では存在せず、野生の小さなマメ（ツルマメ）を人間が栽培することでダイズとなった。つまり縄文土器で確認されたダイズによって、縄文時代中期に栽培が行われていたことが確認できたのである。

また同じ手法で弥生土器を調べると、コメ以外にもアワ・キビなどが確認されるようになった。つまり弥生時代にはコメ以外にも、アワやキビなど畠で作る作物が存在していたことも判明した。アワ・キビはコメと同じ時期に栽培・収穫されるので、水田でコメの収穫後に栽培していたのではなく、コメとは別に畠で栽培されていたと考えられる。

現在では縄文時代は食料獲得の方法に狩猟・漁撈・採集・栽培の４つの方法が存在し、場所や環境によって重きを置く活動が異なっていたと考えられている。弥生時代も同じ４つの方法が存在しているが、栽培に非常に高い比重が置かれており、コメ以外にもアワ・キビなどが栽培されていたことが確実になってきた。縄文と弥生の大きな違いはその比重のかけ方にあって、栽培をしていない縄文と栽培をしている弥生といった分け方は通用しなくなっている。20世紀の考古学ではその差を際立たせることで、縄文と弥生の文化・時代の違いを語ることが多かったが、現在ではそうした論法が通じないといえるのである。

考古学は日々新たな発見が繰り返されている分野である。その発見がこれまでの考え方を修正し、あるいは根底から覆す事例が、歴史学の分野では頻度が多いことも考古学の特徴である。そして自分で掘り出した資料を自分で研究することも考古学の醍醐味の１つである。そうした考古学の魅力に人生で１度は触れてほしいと思っている。

考古学・文化財

考古学から社会を考える 古代国家と古墳時代

山本孝文 Yamamoto Takafumi

考古学研究のためのデータ

　まず考古学分野の主な研究の素材となる「データ」について紹介しておきたい。資料の基本的な「データ化」の技術は考古学の学習で学ぶべき大きな柱であり、データを作成すること、それを読み取ることはすべての研究の基礎になる。

　考古学の研究は過去の人類が残した「遺構」や「遺物」、それらが残された周辺環境を含めた総体としての「遺跡」を対象とすることが多い。これらの研究素材を確保するために発掘調査をはじめとするフィールドワークがある。ただしすべての研究者や専攻生が自身の専門分野に該当する遺跡の調査に参加できるわけではなく、確保された生の資料を活用できるわけではないため、調査者は資料を様々な基本データに変換し、多くの人の研究に供することができる状態にするという作業が必要になる。

　データ化作業には測量図・実測図の作成、写真撮影、３Ｄ計測、拓本採取、特徴の文章化、属性のリスト化など様々な種類があるが、それらの作業を通じて生成された基本データを盛り込んで書籍やデジタルデータの形で出版される考古学研究の基本文献が、遺跡の発掘調査報告書である。調査後に取り壊されてしまった遺跡や埋め戻されてしまった遺構、実物を見ることが難しい遺物などを実際に観察する代わりに参照するのが調査報告書であり、研究者も専攻生もそれを最大限利用しなければならない。もちろん報告書の内容を再検証したり、より詳細な観察を要する場合には、可能な限り実物資料を実見することが必要である。

　遺跡の情報を誰もが利用できる状態にするこの作業は、

それ自体が資料を詳細に観察して特性を把握することに直結しており、そこから研究テーマを創案することにもつながる。例えば土器や埴輪、石器、武器、金属工芸品を詳細に観察することで、それらを製作した技法を復元したり特徴を抽出することができ、それがやがて資料の地域性（分布）の検討や年代決定（編年）など、次の段階の研究の基盤になる（**図1**）。また古墳の正確な形状や大きさ、そこから出土した副葬品（被葬者の遺体とともに納められた品物）の種類や数量などは、その古墳に埋葬された人物の社会的性格や身分を検討する際に役立つだけでなく、当時の地域間関係や社会組織を考える上でも重要な材料になる（**図2**）。

このような各種基本データが公表されていることで、多くの研究者がその成果を再検証し、発展的研究につなげていくことができる。資料データ化作業のスキルは考古学の知識・技術を生かした埋蔵文化財関係などの各種職種では必須であるため、できるだけ様々な資料に接し、それらの整理作業を経験して習得しておくことが望まれる。

文字がない時代とある時代の考古学

このような考古資料のデータ化作業はすべての時代の遺構・遺物で各資料の特性に合わせた形で同様に実施され、研究に供される。前章で触れているように、「考古学」ははるか大昔のことだけを研究する分野ではない。現在は原始・古代・中世・近世・近現代の遺跡を等しく文化遺産として扱い、文字による記録が豊富ないわゆる「歴史時代」の遺跡の調査研究も盛んに行われている。そして文字記録がない時代の考古学（先史考古学）とそれがある時代の考古学（歴史考古学）では、研究の方法が大きく異なるのかといえばそうではなく、遺構や遺物をまず考古資料として扱い、考古学特有の手続きを経て解釈されることは同じである。例えば縄文時代の土器も江戸時代の陶磁器も、古墳も戦国時代の城郭も、年代や地域などの基礎情報を確認し、生産・流通、築造・使用主体、象徴性の解明などに検討を進めていくという考古学的な手続きには共通するところが多い。

しかし歴史記録が豊富にある時代の資料とない時代の資料とでは、自ずと

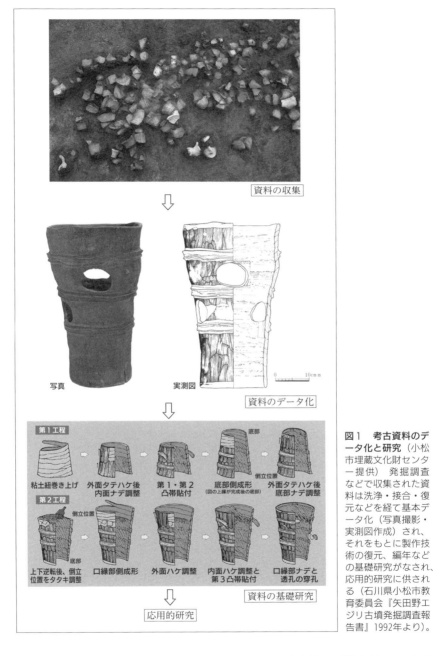

図1 **考古資料のデータ化と研究**（小松市埋蔵文化財センター提供） 発掘調査などで収集された資料は洗浄・接合・復元などを経て基本データ化（写真撮影・実測図作成）され、それをもとに製作技術の復元、編年などの基礎研究がなされ、応用的研究に供される（石川県小松市教育委員会『矢田野エジリ古墳発掘調査報告書』1992年より）。

考古学から社会を考える　173

図2　奈良県コナベ古墳の航空写真と赤色立体地図（奈良県立橿原考古学研究所　写真提供：アジア航測株式会社）　航空レーザー測量によって得られる赤色立体地図のデータでは、樹木などの地形上のノイズが表現されないため、正確な地表面の凹凸を表現できる。写真では樹木に隠れて見えない前方後円墳の正確な形状や規模、段築、造出し、周溝、古墳の周りを衛星のように取り巻く陪塚（付属古墳）などがよく見える。

解釈の仕方やその結果には差が出る。古墳時代の古墳のうち、歴史上の人物が埋葬されていることが正確にわかる例はほとんどないが、戦国時代や江戸時代の城郭は築造者がはっきりしているものも多く、歴史上の出来事と結びついていることが一般的である。その意味で歴史時代の考古資料には、いわば「直接的な歴史資料」があり、多くの手続きを経て歴史の中に位置づける必要がある（間接的な歴史資料である）先史時代の資料とは異なる。文字記録が多く残されている時代の研究においては、歴史記録と考古資料を併用することで正確な歴史解釈が求められる。

ただし、文献史料の内容が考古資料の解釈に利用できるかどうかは、時代や地域、それが書かれた背景によって大きく異なる。当然ながら古い時代ほど歴史書などの史料は残っておらず、その内容の信憑性も検証が必要なものが多くなるため、その利用には慎重を期すべきである。日本の場合でも、文字使用が始まって間もない時期の考古学的研究では、史料にある断片的な記述を無批判に遺跡や遺物に当てはめて考える傾向があり、注意が必要である。

以下では、日本における「古代国家形成期」と表現されることがある古墳時代から飛鳥（あすか）時代を例に、考古学研究が「社会史の復元」にどのように関わ

っているのかについて見ていきたい。

考古学から「古代国家」を考える

　考古学研究の命題の1つに、モノから人間社会の変遷を考えるという作業がある。人類が誕生して以来、比較的単純であった人間の集団とその社会は、食料生産（農耕）の開始や土地との結びつき、人口の増加、戦争、指導者の権威の高揚、宗教性の発露などを経て徐々に複雑化し、地域的にも身分階層の面でも重層的になる。つまり、社会は徐々に大きく成長し、複雑になってきたのである。そして大きくなった社会をまとめるために、個人や集団を管理するためのシステムを備える必要が生じてくる。この段階に、世界の多くの地域で文字を用いた記録行為が普及し始める傾向があるのは偶然ではない。

　人間社会の複雑化が一定の段階に達する時代を研究する時、キーワードとなるのが「国家」ないし「古代国家」である。現代社会に生きる我々は国家の存在を当たり前に思っているが、人類の長い歴史の中では、それはある段階に生じた比較的若い社会形態であるといえる。この「国家」が、いつ、どのようにしてできあがったのか。それを検討するのも考古学の大きなテーマの1つになっている。

　考古学と文献史学の研究では、倭の国々に初めて大きなまとまりができ、原初的な官的役職や租税システムの存在が記録される3世紀（邪馬台国・卑弥呼と古墳誕生の時代）、最高支配者（大王）が対外的にも倭国全体を代表し、初期の官人機構や軍事組織の萌芽が見られる5世紀（倭の五王と巨大古墳の時代）、律令という法制度が整い、中央集権的な官僚機構によって広域を統治するようになった7世紀（都城の成立と古墳終焉の時代）をそれぞれ古代国家の成立時期と考える代表的な学説があり、「七五三論争」と呼ばれることがある。発掘調査で確認される宮殿建築や豪族居館、大型倉庫、古墳や水利施設の築造などの大型土木事業など、各時期の考古資料もそれぞれの説を補う上で一役買っている。

　なかでも古墳時代の数百年間を通じて膨大な労働力が投入されたのが、巨大な前方後円墳をはじめとする大型古墳の築造事業で、その社会的役割が注

目されている。もちろん、そこに埋葬された人物の生前からすでに墓造りが始まっていた。建設会社の大林組プロジェクトチームの試算によると、墳丘の全長475m、周囲に二重の濠と土手を持つ日本最大の前方後円墳の大阪府大仙古墳（伝仁徳天皇陵）を当時の技術で造ろうとすると、運搬土量は1,998,000㎥（東京ドーム約1.6杯分）、5,365,000個の葺石（古墳の表面に並べた石）を葺き、15,000個の大型埴輪を並べる必要があり、延べ約680万人を動員して15年8カ月かかるという。1985年の試算で約800億円がかかるという計算だが、貨幣経済社会ではなかった当時、それだけの人員・資材をどのように補塡したのか、解明すべき点は多い。近年の精密な測量の結果、大仙古墳はもともと500m以上の大きさだったとされているため、実際にはさらに多くの時間と人員を要したであろう。このような巨大な墓造りへの労働力の動員（徭役？）が、王権や地域権力の運営、国家形成とどのように関わっていたのか、いまだ不明な部分が多い。

巨大な墓を造った人々

　3世紀半ばから7世紀頃までの古墳時代と呼ばれる時代は、日本列島の社会変化において重要な転機といえるような状況や出来事がいくつも含まれている時代であるといえる。それは日本列島の集団が国家社会へと舵を切り、その後の「日本」の土台となった地理的まとまりができていった時代だからである。そしてそのまとまりを維持するための手段として、墓造りという行為が大いに利用されていた。日本の広い地域に、共通した特徴を持つ古墳が造られたことも、この時期の社会的まとまりを表しているようである。このような「厚葬の時代」に対する考古学的研究の実例として、日本の古墳時代の汎世界性と特殊性を見てみたい。
　「厚葬」とは何か。死んだ人の衣服や棺槨を豪奢なものにし、葬送儀礼を盛大に執り行うことで死者を手厚く葬るというのが字義であるが、結果として大型のマウンドを持つ墳墓が造られ、そこに豪華で多彩な副葬品が納められるなど、視認的・象徴的であることが多いのも特徴である。エジプトのファラオが葬られたとされるピラミッドや、秦始皇帝陵をはじめとする古代中

国の歴代皇帝陵などを思い浮かべることも多く、一般に考古学というとこういったものの発掘が興味をそそる。日本の場合、先に見たような巨大な墳丘を持ち、様々な品物を納めた前方後円墳をはじめとする古墳時代の古墳がその代表であろう。これらが単なる墓ではなく、子々孫々まで偉大な支配者の権威や徳を示し伝えるためのモニュメント（記念碑）としての役割も担っていたことは疑いない。このようなモニュメントとしての墓が世界各地で国家社会の形成・成立と深く関わっているのは偶然ではない。

　では厚葬墓に葬られた人物は誰か。これはなかなか一律に答えが出ない。「大きい墓に葬られた人ほど力が強く偉かった」という単純な考え方に基づいて日本の大仙古墳とギザのクフ王のピラミッドと秦の始皇帝陵を横並びで比較している場面をいまだに目にすることがあるが、時代も地域も、社会・文化の質も異なる産物を、大きさだけで比べて被葬者の権力の大小を論じることには何の意味もない。確かに、エジプトの巨大ピラミッドは上エジプト・下エジプト統合後の統一王朝時代にファラオの象徴として造られ始め、中国の皇帝陵も戦国時代を統一した始皇帝によって最大かつその後のモデルとなった墓が造られており、絶対権力者（＝神、天子）の記念碑としてふさわしい。しかし日本の古墳は少し違う。

　今から千数百年も前、日本の九州から東北地方まで、前方後円墳という同じ形の古墳が数千基も築造された。古墳時代を通じて、最大の規模を持つ前方後円墳（大王墓）は常に畿内の特定地域（奈良盆地・大阪平野）に造られており、またその周辺地域にもそれに次ぐ大型古墳を築造していた地域があった。一方で、「大王墓」を凌駕するものはないものの、地方でも大型の古墳が無数に造営されていた。これは当時の王権と呼べる集団が畿内にあり、それに準じる力を持った勢力（中央豪族）がその周囲にあり、さらに九州から東北地方にかけて各地域に基盤を置いた多くの有力者（地方豪族）が存在したことを物語っている。さらに副葬品としても、鏡や武器・武具・馬具、金属製の装身具など、権威・権力の象徴たる様々な品物が古墳から出土するが、その量や質は畿内の古墳が圧倒しており、なかには畿内の王権から同盟の証として配布されたと考えられるものも含まれている。

　つまり、古墳時代の日本列島は決して畿内の王権の絶対的な力のもとに広

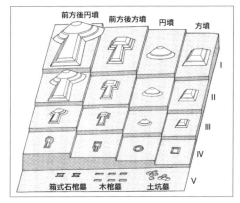

図3　前方後円墳体制の概念図　都出比呂志は日本の前方後円墳が墳形（氏族系譜）と規模（序列）の二重原理で被葬者の社会的位置を表していると考えた。賛否両論があるが、古墳時代の社会システムを考古資料から提示した著名な学説である（都出2000より）。

域が直接統治・運営されていたわけではなく、大小の地方豪族が依然として力を持って各地に君臨しており、その上で常に畿内の集団が優位性を保っていた社会だったということができる。さらに、全国の古墳の形や規模には、被葬者の系統や身分が正確に反映されていると考える説もある。いずれにせよ、巨大前方後円墳を頂点とする日本の古墳は、単に埋葬された者の力量の表現だけではなく、地域間の関係や被葬者間の関係、特定地域内における支配者の立場など、社会のネットワークの中における築造者の立ち位置を表現するメディアとしての役割も果たしていたとみるべきだろう。

　古墳時代の政治組織を詳細に記録した史料はないため、この社会システムを歴史用語として提示するのは難しく、便宜的に「前方後円墳体制」などとしたり（**図3**）、この社会段階を「前方後円墳国家」と造語し、唯一の価値づけをしたりする。一方で、別の歴史的実体がある地域・時代の例を参考にした歴史考古学的観点からの類推も1つの方法として考えられる。例えば江戸期の幕藩体制や中世ドイツの領邦国家などは、将軍や皇帝を戴きながらも各地に自治的性格を有する直接的支配者が無数に存在した。「親藩」「外様」などの大名のランクの違いは前方後円墳・前方後方墳・円墳・方墳などの墳丘の違い（それに反映された被葬者の系統の違い）になぞらえられるかもしれない。権威を示す象徴物は古墳と城という互いに異なるもので、あくまで社会体制を考える際の参考に過ぎないが、ほかの歴史的状況ないし歴史時代の考古資料のあり方からの類推も、文字記録が少ない時代や地域のことを考える際には1つの材料になる。

考古学で時代の実態に迫れるか？

　古墳時代の支配者像や社会像の移り変わりを説明する際に、前期（3世紀中頃〜4世紀後半）と中期以降（4世紀末〜6世紀）の古墳から出土する副葬品を比較することがある。装身具が少なく、鏡や石製の腕輪など呪術的な品物を大量に副葬する前者を司祭者的性格の支配者、武器や甲冑（かっちゅう）など軍事的な品物を大量に副葬する後者は武人的性格の支配者と捉えられている。そして、5世紀頃には韓半島系の壮麗な金・銀・金銅製の装身具類や馬具類が日本に導入され、支配者の身を飾る。円筒形や器財形が中心だった埴輪に、この時期になって人の形をしたものが出てくるのも、首長層が自分自身の身体を前面に出し始めたことと関連するのだろう。身体アクセサリーとともに装飾付の武具や大刀を帯び、輝く馬具で飾った馬に乗って闊歩する支配者の姿が目に浮かぶ。

　これらのことから、弥生時代から古墳時代前期までの首長層は「隠れる支配者」、5世紀代以降の首長層は自らを「見せる支配者」だったということができる。倭国の女王・卑弥呼（3世紀）が「王となって以来姿を見た者は少ない」（「魏志（ぎし）」倭人伝（わじんでん））とされたことや、倭の五王（5世紀）が「甲冑を着て自ら各地で征服活動を行った」（『宋書（そうじょ）』倭国伝（わこくでん））とされたことも、それぞれの社会的性格と時代背景を表している。このほかにも、古墳時代の遺跡とそこから出土するモノには、当時の社会で価値があったものは何だったのか、それらがどのように作られ入手されたのか、地域間でどのような交流があったのか、支配者がどのような社会的性格を持ち、その人々がどれほどの地域範囲まで影響力を持っていたのかなどを推測するための材料がそろっている。

　一方で、このようなことがわかるのは、古墳時代の資料がきわめて多種多様であり、その数も多いためだということには注意を要する。古墳時代の考古資料の豊富さは、例えば現在国の指定文化財に登録されている国宝や重要文化財の数を見ても一目瞭然である。国宝・重要文化財に指定されている考古資料は古墳時代に該当するものが180件と最も多く、奈良時代71件、平安時代79件、鎌倉時代のものは22件と激減し、室町・江戸時代のものはそれぞ

れ4件と3件である（2022年当時）。もちろんこれは古墳時代の考古資料に価値があり、それ以降の時代の資料に価値がないということではない。「遺跡から出土する」資料の種類と数に格段の差があるということである。

　以前、埼玉県の騎西城跡の発掘で十六間筋兜と呼ばれる戦国時代の兜や火縄銃の部品が出土して話題になった。戦国時代の鎧兜などが遺跡から出ることはきわめて珍しい。一方で、古墳時代の甲冑は無数の出土例があり、その数は1000点を下らないと思われる。刀剣に関してはさらに多く、遺跡出土武器の圧倒的多数は古墳時代のものである。奈良時代以降の遺跡から刀剣などが出ることはほとんどない。このことから、古墳時代は戦乱の時代で、それ以降の日本は長く平和な時代が続いたと考えていいか。もちろんそうではない。考古資料に頼らずとも中世以降の日本での戦闘行為は各種歴史記録によって語られており、「帯刀の時代」たる江戸時代に武士階級で刀剣が必須アイテムであったのは周知の通りである。また考古資料とは別に文化財として伝わっている中世～江戸期の刀剣や鎧兜などは多くある。このような考古資料、文献史料、文化財資料の間に見られる齟齬を合理的に解釈するためには、それぞれの分野の史資料の特性と時代状況を踏まえた思考が必要である。

　多種多様な資料が古墳時代に偏重する理由は大きく2つある。まず、実際に古墳時代には権威の象徴となりうる品物（威信財）が多く作られ、それを保有することによって権力の所在をアピールする首長層が多くいたことは間違いない。しかし人間が使用する道具は時代を追って多様化し、人口増加に従ってその数も増えるため、それだけでは古墳時代の資料の豊富さの原因は説明できない。それよりも、品物を保存するタイムカプセルの役割を果たした装置である古墳が多く造られたことが重要である。墳丘内ないし地中に重厚な施設を設けて多種多様な多くの品物を納めるという、この時代特有の「厚葬」風習がなければ、ここまで豊かな古墳時代像は描かれなかったであろう。そしてそれゆえに、特殊な考古学的状況が生み出す時代像と、実際の社会・文化・生活像の乖離には気を付けなければならない。

　古墳時代が終わる頃、墓の薄葬化が進んで大きな古墳や壮麗な副葬品は姿を消す。逆にいうと、大型古墳がその役割を終えて社会に薄葬の風習が浸透

することで古墳時代は完全に終焉を迎えるのである。「薄葬」への動きは厚葬の反動として王命や法令などとして出される場合がある。大きな古墳が造られなくなると、強大な力を持つ人々がいなくなったかのように考えられがちだが実際にはその逆で、法制度を整備するなどして権力の所在がより明確になることによって巨大建造物の建設が不要になることの方が多い。中国で『三国志』の英雄の1人である魏の曹操が「因高為墓 不封不樹」として大型の墳丘を造らなかったとされることや、日本で乙巳の変の後に出された改新の詔で身分階層に応じて墓の大きさや築造日数・労働力などが規定されたこと（大化薄葬令）などがその例である。これらの記事・記録は中国河南省で発見された墓（西高穴2号墓）を曹操墓と認定する根拠の1つとされたり、日本で大きな古墳が造られなくなった背景の1つとして利用されている。歴史記録の内容を踏まえて検討しなければ実態に迫ることができない歴史考古学的解釈の実例といえよう。

　日本史の教科書でも、古墳時代以降、歴史を伝える媒体は考古資料から文字資料へとバトンタッチする感がある。しかし、考古学の研究は文字による記録がない時代に対してのみ有効な分野ではない。いわゆる歴史時代を対象とした考古学研究には歴史記録に残らない社会や文化・生活相の側面を明らかにする役割があり、物質文化を通じてのみ明らかにできることは多い。そしてその役割を完遂するために、どの時代を対象にした研究でも考古資料の正確かつ客観的なデータ化作業が求められている。

参考文献

佐原真「分布論」『岩波講座 日本考古学1 研究の方法』岩波書店、1985年

下垣仁志『古墳時代の国家形成』吉川弘文館、2018年

都出比呂志「日本古代の国家形成論序説－前方後円墳体制の提唱－」日本史研究会編、『日本史研究』343号、1991年

都出比呂志『王陵の考古学』岩波書店、2000年

和田晴吾『古墳と埴輪』岩波書店、2024年

考古学・文化財

文化財とは何か　その特徴と保護・継承

平野 卓治　Hirano Takuji

文化財とは？

「文化財」と聞くと、多くの人は重要文化財や国宝といった貴重なモノ、重要・大切なモノをイメージするだろう。貴重・重要・大切なモノといえば、テレビでは個人が持つモノを「お宝」として鑑定する番組がある。しかし、番組は「お宝」鑑定であり、「文化財」鑑定とはいっていない。もちろん、ネーミングの問題があるのかもしれないが。それでは、文化財と「お宝」はどう違うのであろうか。

まず、両者に共通するのは、歴史遺産・美術品・工芸品としての価値を持つという点である。すなわち、希少価値・芸術的価値・学術的価値・資産価値など多様な価値を持つということだ。また、人々が関心を寄せる＝知的好奇心の対象となるモノという共通点も指摘できる。こうした共通点を踏まえると、両者は本質的には同じものであり、評価する人の立場により対象の範囲と価値基準が異なるということもできる。しかし、両者には大きく異なる点が多々ある。

第一に、文化財は自然環境、行事習俗・技能（それを有する人）を含む、多様性を持つということである。「お宝」は、有形文化財（後に見るように、建造物、絵画、彫刻、工芸品、書跡、典籍などの有形の文化的所産）の一部とみられる。例えば、漆塗り職人の技術は文化財（無形文化財）とされても、「お宝」としては価値評価されない。

第二に、文化財は人類・国民・地域住民の共有の財産として位置づけられる。これに対して「お宝」は個人の資産であることが圧倒的である。すなわち、両者には公共性の強弱の相違が存在する。

第三に、文化財は社会的価値を有するということである。これは2番目の「共有の財産」と不可分の関係を持つ。「お宝」は個人的価値を持つものであり、両者は価値評価の主体が異なっている。このことは、所有の形態（公有・私有）にも関係している。

　そして、最後に価値の変動の大きさがあげられる。これは、時価相場による変動幅の違いがあるということで、売買の是非が問われることになる。「お宝」は個人所有であり、個人的価値を持つので、個人として売買が可能であるが、文化財はそうはいかない。

　こうした文化財と「お宝」の違いを踏まえてみると、文化財は単独であるのではなく、土地・環境・人々の暮らし、およびその変化と有機的な関連を持って存在するものということができる。各地域に伝承される様々な民俗芸能、古民家や古建築、町並み、農業・漁業・山稼ぎなど各種の生業に使用されてきた道具など、文化財は身近に存在するものであることを認識する必要がある。また、それゆえに保存・継承の意義を考える必要性がある。一度継承が途絶えると、復活することが難しく、消滅する可能性を持っている。

　文化財は、「潤いある生活」「地域間・世代間の相互理解」を実現するための社会的資源と位置づけられるのである。そのため、文化財の持つ価値の多様性と普遍性を認識し、それを伝え、広く共有することの重要性を考えてもらいたい。また文化財は、人々が生きた歴史、庶民史、世相史、文化史（これらは稗史と呼ばれる）などの証人であり、それらを描き出していく歴史資料と位置づけることができる。

文化財はどのように分類されるか？

　日本の文化財に関する基本的な法は、1950（昭和25）年に制定された「文化財保護法」である。ご存じの方も多いかと思うが、前年の1月、模写の作業を進めていた法隆寺金堂壁画が焼失したことが契機となり、文化財の保護に関する世論が高まり、翌年超党派で成立した。

　この文化財保護法では、文化財を次の6つに区分している。1）有形文化財、2）無形文化財、3）民俗文化財、4）記念物、5）文化的景観、6）

伝統的建造物群の6つである。それぞれに関して、簡単に見ていく。
 1）有形文化財
　「建造物、絵画、彫刻、工芸品、書跡、典籍、古文書その他の有形の文化的所産で我が国にとって歴史上又は芸術上価値の高いもの。並びに考古資料及びその他学術上価値の高い歴史資料」とされている。簡潔にいえば、形のあるモノである。この中で、絵画、彫刻、工芸品、書跡（書道の優れた作品や僧侶が書いた書など）、典籍、古文書は一括して美術工芸品といわれる。また、歴史資料とは、ある特定の人物、出来事、文化についての一群の資料（様々なものがまとまった状態で存在）を一括して把握するもので、有形文化財の中に1975（昭和50）年に新設された。
　みなさんが、博物館や美術館で目にする仏像の彫刻、絵巻物、漆塗りの化粧箱などが該当する。この有形文化財の中で、特に重要なものは「重要文化財」と国の指定を受けることになる。さらに、その中でも、世界的にも価値が高く、国民の宝となるべきものが「国宝」に指定される。注意しておいてほしいのは、重要文化財、国宝という指定の名称は、この有形文化財に限るということである。
　2024年8月段階で、国宝は1,137件、重要文化財は13,446件が指定されている（以下、指定件数は2024年8月段階の数）。博物館の展覧会などで観覧者の目を引くのは、こうした指定物件が多いことはいなめない。
 2）無形文化財
　次に無形文化財だが、「演劇、音楽、工芸技術その他の無形文化的所産で我が国にとって歴史上又は芸術上価値の高いもの」とされている。演劇、音楽は同じ演目や曲を何度でも演じ、演奏することができるが、1回の上演や演奏は1回限りであり、全く同じものを再現することはできない。また、漆塗りの技術、紙すきの技術など様々な技術は、作品は形あるモノだが、技術自体は形を持っていない。その意味で「無形」といえる。また無形の文化財は、それ自体で存在するのではなく、それぞれの技能を習得している人（団体）が不可欠である。
　無形文化財の中で、特に重要なものは「重要無形文化財」に指定される。この重要無形文化財の技能を習得している人は「人間国宝」と呼ばれる。た

だし、「人間国宝」という言葉は通称であり、指定の名称ではない。
3）民俗文化財

　民俗文化財は、「衣食住、生業、信仰、年中行事等に関する風俗習慣、民俗芸能、民俗技術及びこれらに用いられる衣服、器具、家屋その他の物件で我が国民の生活の推移の理解のため欠くことのできないもの」で、まさに、人々の生活に密接に関係する文化財である。民俗文化財には、衣服・器具・道具・家具など形のあるモノ、信仰・年中行事、風俗習慣、民俗芸能など先の無形文化財と同様に形のないものがある。前者は有形民俗文化財、後者は無形民俗文化財と呼ばれている。これらが国の指定を受けると、重要有形民俗文化財、重要無形民俗文化財となる。前者は227件、後者は333件が指定されている。事例として、前者では南部のさしこ仕事着コレクション（青森県）・西日本の背負運搬具コレクション（香川県）・七夕人形コレクション（長野県）、後者では人形浄瑠璃文楽・輪島塗り・備前焼などがあげられる。

4）記念物

　記念物は、「貝づか、古墳、都城跡、城跡、旧宅その他の遺跡で我が国にとって歴史上又は芸術上価値の高いもの、庭園、橋梁、峡谷、海浜、山岳その他の名勝地で我が国によって芸術上又は鑑賞上価値の高いもの、並びに動物（生息地、繁殖地及び渡来地を含む。）、植物（自生地を含む。）及び地質鉱物（特異な自然の生じている土地を含む。）で我が国にとって学術上価値の高いもの」とされており、3つに区分される。

　まずは、貝づか、古墳、都城跡、城跡、旧宅その他の遺跡が対象となるが、なかでも重要なものは「史跡」として指定される。さらに「史跡」の中でも特に重要なものは「特別史跡」とされ、現在、「特別史跡」の指定は63件である。その例としては、五稜郭（北海道）・三内丸山遺跡（青森県）・中尊寺（岩手県）・江戸城跡（東京都）・多賀城跡（宮城県）・大宰府跡（福岡県）などがあげられる。

　次に庭園、橋梁、峡谷、海浜、山岳その他の名勝地を対象とし、その中で重要なものは「名勝」、なかでも特に重要なものは「特別名勝」に指定される。「特別名勝」の指定は36件で、富士山（静岡県・山梨県）・兼六園（石川県）・鹿苑寺・慈照寺（両者は特別史跡と重複指定）・天橋立（京都府）な

どがその例としてあげられる。

　3つ目は、動物、植物及び地質鉱物で学術的価値が高いものが対象となるが、重要なものは「天然記念物」、なかでも特に重要なものが「特別天然記念物」に指定される。「特別天然記念物」の指定は75件で、例として、マリモ・イリオモテヤマネコ・オオサンショウウオ・鯛の浦タイ生息地（千葉県）などがあげられる。

5）文化的景観

　文化的景観は「地域における人々の生活又は生業及び当該地域の風土により形成された景観地で我が国民の生活又は生業の理解のため欠くことのできないもの」とされている。これは、都道府県または市町村の定める「景観法」に規定する景観地区内の文化的景観である。それを都道府県または市町村が国に申し出て、国は特に重要なものを「重要文化的景観」として選定する。この制度は2004（平成16）年に文化財の一種として設けられたもので、「重要文化的景観」の選定は72件。その例には、柳田国男の『遠野物語』で有名な遠野（岩手県）、映画「男はつらいよ」で知られる葛飾柴又の文化的景観（東京都）、近江八幡の水郷（滋賀県）・宇治の文化的景観（京都府）などがあげられる。

6）伝統的建造物群

　伝統的建造物群は「周囲の環境と一体をなして歴史的風致を形成している伝統的な建物群で価値の高いもの」である。これは、市町村が都市計画法に伝統的建物群保存地区を定め、その保存措置を行うことになる。国は市町村からの申し出により、価値が特に高いものを「重要伝統的建造物群保存地区」に選定する。この制度は、1975（昭和50）年に創設された。「重要伝統的建造物群保存地区」の選定は127地区あり、仙北市角館（秋田県）・川越市川越（埼玉県）・香取市佐原（千葉県）・豊岡市出石（兵庫県）・竹富町竹富島（沖縄県）などがある。

　このような6つに分類される文化財のほかに、文化財保護法では、次の2つがあげられている。

　1つは埋蔵文化財である。「土地に埋蔵されている文化財」で、発掘調査、届出、周知などに関する規定が設けられている。いまひとつは、文化財の保

存技術で、「文化財の保存のために欠くことのできない伝統的な技術又は技能で保存の措置を講ずる必要があるものを選定保存技術として選定することができる」とあり、まさに文化財の保存技術の継承を図るものである。

重要文化財などの指定・選定の手続きは？

　それでは、これまで見てきた文化財に関する、重要文化財・国宝などの国の指定や選定はどのように行われているのであろうか。

　まず、文化庁の調査官により、候補物件の選定・調査が行われる。その調査に基づき、「諮問案」が作成される。それを文部科学大臣が、専門家によって構成される文化審議会（文化財分科会）へ諮問し、それを受けて、文化審議会（文化財分科会）で審議、議決が行われる。それを経て、文化審議会（文化財分科会）が文部科学大臣へ指定するよう答申し、文部科学大臣が、指定物件の名称や所有者などを官報に告示（正式決定）する。調査官による調査、文化審議会での審議はきわめて慎重に実施される。ちなみに国宝は年に数件、重要文化財は数十件選ばれている。

　以上見てきた文化財の区分や指定制度は、各地方公共団体が制定している「文化財保護条例」などでも準拠して採用されている。各地方公共団体では条例に基づき、文化財保護審議会などが設置され、県指定重要文化財（「県宝」と呼称する県も。呼称は一定していない）、市指定文化財などが選定され、保護の対象とされている。

　文化財は、先にも記したように、「幅広さ（多様性）、身近さ」を持つ点が特徴である。みなさんの身の回りにあり、自分が関心を持つ資料・文化財などは、どれに分類されるのか、どのような指定を受けているのか調べてみてほしい。ただし、「指定」という枠組みを離れて、身近に様々な文化財が存在することはしっかりと認識してもらいたい。なお、国の指定文化財は「国指定文化財データベース」「文化遺産データベース」として公開されており、各地方公共団体でも公開が進められている。

文化財の現在・未来
―「稼ぐ文化財」と「稼がない文化財」の行く先――――――

　文化財保護法は、1950年に制定されてから、時代・社会の動きの中で改正が行われてきた。重要無形文化財の制度の新設、地方公共団体の役割の明確化―「条例」による文化財保護に関する規定の新設、有形文化財に歴史資料部門の新設、重要伝統的建造物群保存地区の制度の創設、文化的景観を文化財の一種として新たに位置づけ、重要文化的景観の制度の新設などである。文化財保護法の改正は、それぞれの時代の社会状況に対応する形で、保護する「文化財」の範疇を拡大してきた。文化財をいかに守るかに主眼が置かれてきたのである。

　しかし、2018（平成30）年6月の文化財保護法の改正は、これまでの文化財保護の制度を大きく転回させる改正といえる。

　2018年に行われた改正の目的は、「過疎化・少子高齢化等の社会状況の変化を背景に各地の貴重な文化財の滅失・散逸等の防止が緊急の課題となる中、これまで価値付けが明確でなかった未指定を含めた有形・無形の文化財をまちづくりに活かしつつ、文化財継承の担い手を確保し、地域社会総がかりで取り組んでいくことができる体制づくりを整備するため、地域における文化財の計画的な保存・活用の促進や、地方文化財保護行政の推進力の強化を図る」とされている。改正の概要は次の通りである。

　まず、地域における文化財の総合的な保存と活用を図るため、都道府県が策定する文化財の保存及び活用に関する総合的な施策の大綱「文化財保存活用大綱」、市町村が策定する文化財の保存および活用に関する総合的な計画「文化財保存活用地域計画」を法定化した。

　次に、個々の文化財の確実な継承のため、文化財の所有者などが保存活用のため、文化財ごとの「保存活用計画」を法定化した。また、市町村は先の「地域計画」の策定や変更を協議するための協議会を設置できるとし、構成員は市町村、都道府県、文化財保存活用支援団体、「文化財の所有者、学識経験者、商工関係団体、観光関係団体その他の市町村の教育委員会が必要と認める者」としている。この中の文化財保存活用支援団体は、市町村が指定

する団体であり、利潤を追求する民間団体でも可能である。

　さらに、文化財行政の管轄を教育委員会から首長部局へ移管することを可能とした。これは、地方の文化財保護行政において、景観・まちづくりや観光などのほかの行政分野と連携した総合的・一体的な取り組みを可能とするためとしている。これは、市町村が、首長のリーダーシップのもと、民間団体を巻き込んだ地域振興・観光振興の手段として、文化財を活用する道を開いたということである。

　こうした改正の背景には、2006（平成18）年の「観光立国推進基本法」制定があるとみられる。この法は、「観光立国を実現することは、21世紀の我が国経済社会の発展のために不可欠な重要課題」と認識し、観光を21世紀の日本の重要な政策の柱として位置づけている。ここで「文化財」は「国は、観光資源の活用による地域の特性を生かした魅力ある観光地の形成を図るため、史跡・名称・天然記念物等の文化財、歴史的風土、優れた自然の風景地、良好な景観、温泉その他の文化、産業等に関する観光資源の保護、育成及び開発に必要な施策を講じる」とされており、文化財の観光資源としての位置づけが確定されている。これは、「観光立国」をめざす立場から、1990年代後半以降、20年あまりかけて進められてきた観光振興策、その中で2016年３月政策会議が策定した「明日の日本を支える観光ビジョン」で、「観光資源の魅力を極め、地方創生の礎に」文化財を「保存優先」から観光客目線での「理解促進」そして「活用」へ、とされており、そうした政策の１つの到達点といえる。さらにこの背景には、2020年の東京オリンピックを見据えた政府の観光政策があったとみられる。まさに2018年の改正は、文化財の地域振興、観光への活用促進を図るものである。

　確かに、日本の文化財を積極的に活用することにより、海外からの観光客に日本の魅力を積極的にアピールするという点では、きわめて有効・有益な施策と評価する人も多いかもしれない。しかし、特にモノ資料である有形文化財は、活用すればするほど（公開すればするほど）、光や温湿度など様々な影響により、モノ自体は劣化していく。活用と保存は究極的には相反する行為である。活用にはそれを補うための手当て（補修）が不可欠であり、この点はないがしろにすることは絶対にできない。活用だけでは、文化財を死

文化財とは何か

滅させることにつながる。

　また、文化財保護法の改正内容に関しても大きな問題点がある。

　まず、改正で法定化された「文化財保存活用地域計画」を市町村は作成できるのかという問題がある。自治体の文化財担当職員の現状は、2017年の文化庁調査の結果では、村は1.7人、町は2.4人、一般市は7.3人であり、埋蔵文化財の発掘調査などの担当職員を除くと、文化財保護担当の職員は村や町ではせいぜい1人かそれ以下だ。地域の文化財を把握し、「地域計画」を立てることができる十分な人材が備わっていないのが現状である。「文化財保存活用地域計画」を作成し、実施することが可能な自治体は着実に文化財の活用・保護を進めることができると考えられるが、職員不足などで、できない大半の自治体は置き去りになってしまう危険性がある。

　次に、「文化財保存活用地域計画」を作成できる自治体、市町村の文化財の未来は安心できるかというと、疑問が残る。すなわち、観光にすぐに役立たない文化財は、地域の文化や歴史にとって大切な価値、位置づけを持つものでも、ないがしろにされる危険性がある。これは、文化財行政の主管局が教育委員会部局から首長部局への移管が可能となったように、文化財に関して、教育中心の活用から観光重視の活用へと変更されていくことと連動している。すなわち、観光への貢献度の低い文化財は、その保護・保存が軽んじられる可能性がきわめて高い。

　京都市では、二条城は文化財活用の成功事例で、観光振興の手本とされている。しかし、江戸時代以来の着物文化を支えてきた西陣（にしじん）は、家内工業による分業が崩壊し、伝統の技を継ぐ若者は育たず、使用されてきた様々な道具類は廃業により、流出、散逸する事態になっている。こうした現状に対して、行政は観光振興で手一杯で、対応する余力はないといった状況である。これは何も京都だけの状況ではない。みなさんの地域でも十分起こる（起こっている）ことなのだ。

　すなわち、2018年の文化財保護法の改正は、金を生む文化財（稼げる文化財）とそうでない（稼げない）文化財とを選別し、後者の文化財の滅失・散逸をむしろ助長する可能性をはらんでいる。

　地域に残る文化財の大半は、経済的価値に還元することができない歴史や

文化の証しとして存在しているはずである。それらが失われてしまうことは、まさに歴史と文化の空洞化をもたらすことになりかねない。50年後、100年後に日本の、あるいは各地域の文化財はどうなっているのであろうか。

　はじめに見たように、文化財は社会的資源であり、文化財の持つ価値の多様性と普遍性を認識し、それを伝え、広く共有することはきわめて重要である。また、文化財は身近に存在するものであり、それゆえに保存・継承の意義を考える必要性がある。文化財は人が意識的に保護・伝承していかなければ、将来には残っていかない。正倉院の宝物は、温湿度の調整ができる杉の唐（辛）櫃に収納され、校倉造りの倉に保管されていただけではなく、数々の落雷による東大寺の火災、戦乱による被災から人々が守り抜くという不断の努力があったからこそ、現在まで残ってきた。まさに人が残したといえる。みなさんは、この点をしっかりと認識し、文化財の将来を考えてもらいたい。

参考文献
　池田寿『日本の文化財―守り、伝えていくための理念と実践―』（勉誠社、2019年）
　岩城卓二・高木博志編『博物館と文化財の危機』（人文書院、2020年）
　村上隆『文化財の未来図―〈ものつくり文化〉をつなぐ―』（岩波書店、2023年）

あとがき

Fukushima Megumi 福島 恵

　本書の「はじめに」にある通りに、本書は、日本大学文理学部史学科の教員が、これから歴史を学んでいこうとする方に、その学びの最初の一歩となるような話をお届けしたいという意図で記したものである。教養としての「歴史」から学問としての「歴史学」への入り口となるように、またその学びの意義や魅力を知ってもらえるようにと『歴史学の扉―歴史を学ぶということ―』という書名にした。

　本書の企画は、2023年1月、関幸彦先生から史学科教員にご提案いただいたことから始まった。その後、関先生を中心に、史学科の日本史・東洋史・西洋史・考古学・文化財の各分野から1名ずつ若手教員が参加する形で、合計6名（執筆者一覧の＊）のワーキンググループが作られ、そこで検討された本書の構成・内容などを史学科教員全体で共有・議論する形で、本書の制作は進められてきた。

　近年、いくつかの大学の史学科から、その大学でどのようなことが研究されているのか、どのようなことが学べるのかを伝える書籍が相次いで出版されている。本書もその流れを汲むものであるものの、それらの書籍の多くは、教員が専門分野について記した論文集のような形式のもので、初学者にはやや難しい。そこで、本書は、より平易に、まさにこれから歴史を学問として学んでいこうとする方（例えば、大学の史学科への進学を考えている高校生、あるいは大学1年生、歴史を学び直したいと思っている社会人）に役立ててもらえるものとしたい、そして日本大学文理学部史学科のことも知ってもらいたいとも考えて、以下のような三部構成とした。

　第Ⅰ部 歴史学の扉では、大学教員と史学科への進学を考えている高校生との問答形式で、歴史を学問するということがわかるように、第Ⅱ部 日本史・世界史の群像では、2022年度から高等学校の新課程で「歴史総合」という科目が実施され始めたことを踏まえて、日本と世界とのつながりを意識した「歴

史」を大枠で捉えることができるように、第Ⅲ部 歴史学への誘いでは、本学史学科の教員の各専門分野の面白さがわかるように。

　本書の執筆にあたり、最も議論したのは、第Ⅱ部 日本史・世界史の群像であった。各々が専門を持つ史学科の教員にとっては、日本史・世界史を対比した歴史叙述の方法や取り上げた時期・地域の区分が妥当であるかなどについて、それぞれに見識があり、さまざまな議論がなされたが、これから歴史を学んでいこうとする方々にとっては、より身近で実用的なものがよいであろうとの結論に至り、日本中世史研究者である関先生に総合編集の労をとっていただき、日本を中心に世界の歴史を俯瞰できるようにした。

　また、ここで申し添えておきたいのは、本書の企画が進行する中、2023年11月に森ありさ先生（西洋近代史）が急逝され、本学史学科としては、代えがたい重要な支柱の1つを失うことになったことである。森先生は本書への執筆にも積極的でおられ、本来であれば第Ⅲ部に玉稿が掲載される予定であったが、残念ながら叶わなかった。

　本書の制作にあたり、私は、ワーキンググループとその他の教員をつなぐ役割を仰せつかったのだが充分にその役割を果たせず、みなさんに多大なご助力をいただくことになった。また、山川出版社編集部には、史学科の各教員の要望に丁寧に対応していただき、本書の刊行に漕ぎつけることができた。その他、史学科助手・副手の方々にもサポートをいただいた。ここに記して感謝したい。

執筆者一覧（五十音順）

伊藤雅之　いとうまさゆき　＊

1983年生まれ。エディンバラ大学人文社会科学部歴史・古典・考古学科博士課程修了。現在、日本大学文理学部教授。専門は古代ギリシア・ローマ史。
主要著作：『第一次マケドニア戦争とローマ・ヘレニズム諸国の外交』（山川出版社、2019年）、'A Reconsideration of the Chronology of a Decree of Abdera (Syll.³ 656) and the Introduction of the Concept of Roman Patronage to the Greeks in the Second Century BC' The Journal of Hellenic Studies 141, pp.136-152, 2021

小川　雄　おがわゆう　＊

1979年生まれ。日本大学大学院文学研究科日本史専攻博士後期課程修了。現在、日本大学文理学部准教授。専門は日本近世史。
主要著作：『徳川権力と海上軍事』（岩田書院、2016年）、『水軍と海賊の戦国史』（平凡社、2020年）、『徳川海上権力論』（講談社、2024年）

粕谷　元　かすやげん

1966年生まれ。日本大学大学院文学研究科東洋史学専攻博士後期課程中退。現在、日本大学文理学部教授。専門はトルコ近現代史。
主要著作：『トルコにおける議会制の展開─オスマン帝国からトルコ共和国へ─』（編著、財団法人東洋文庫、2007年）、『全訳　イラン・エジプト・トルコ議会内規』（編著、公益財団法人東洋文庫、2014年）、「トルコ革命」『アジア人物史　第9巻　激動の国家建設』（集英社、2024年）

関　幸彦　せきゆきひこ　＊

1952年生まれ。学習院大学大学院人文科学研究科史学専攻博士課程修了。元日本大学文理学部教授。専門は日本中世史。
主要著作：『武士の誕生』（講談社、2013年）、『恋する武士　闘う貴族』（山川出版社、2015年）、『刀伊の入寇─平安時代、最大の対外危機─』（中央公論新社、2021年）

武井紀子　たけいのりこ

1981年生まれ。東京大学大学院人文社会系研究科日本文化研究専攻（日本史学）博士課程修了。現在、日本大学文理学部教授。専門は日本古代史。
主要著作：「律令財政と貢納制」（『岩波講座日本歴史　第3巻古代3』岩波書店、2014年）、「唐日律令財政における牓示について─賦役令の税額周知規定を中心に─」（大津透編『日本古代律令制と中国文明』山川出版社、2020年）、「出土文字史料からみた古代荘園」（吉村武彦・吉川真司・川尻秋生編『シリーズ古代史をひらくⅡ　古代荘園─奈良時代以前からの歴史を探る─』岩波書店、2024年）

田中大喜　たなかひろき

1972年生まれ。学習院大学大学院人文科学研究科史学専攻博士後期課程修了。現在、日本大学文理学部教授。専門は日本中世史。
主要著作：『中世武士団構造の研究』（校倉書房、2011年）、『対決の東国史3　足利氏と新田氏』（吉川弘文館、2021年）、『中世日本の地域社会における武家領主支配の研究』（編著、国立歴史民俗博物館、2024年）

土屋好古　つちやよしふる

1958年生まれ。東京大学大学院人文科学研究科西洋史学専攻博士課程単位取得満期退学。現在、日本大学文理学部特任教授。専門は近代ロシア史。
主要著作：単著として『「帝国」の黄昏、未完の「国民」―日露戦争・第一次革命とロシアの社会―』（成文社、2012年）、共著にDavid Wolff et al. eds., The Russo-Japanese War in Global Perspective. Vol.II. (Leiden/Boston, 2007), Yasuhiro Matsui ed., Obshchestvennost' and Civic Agency in Late Imperial and Soviet Russia. (Basingstoke, UK/New York, US, 2015)

浜田晋介　はまだしんすけ

1959年生まれ。日本大学文理学部史学科卒業。現在、日本大学文理学部教授。専門は日本考古学。
主要著作：『弥生農耕集落の研究―南関東を中心に―』（雄山閣、2011年）、『弥生文化読本―学史から読む研究のあゆみ―』（六一書房、2018年）、『再考「弥生時代」―農耕・海・集落―』（共著、雄山閣、2019年）

平野卓治　ひらのたくじ　＊

1959年生まれ。國學院大学大学院文学研究科博士課程後期単位修得退学。現在、日本大学文理学部特任教授。専門は日本古代史。
主要著作：「地域社会における評・郡成立の前提―武蔵国都筑郡を事例として―」（鈴木靖民編『日本古代の地域社会と周縁』吉川弘文館、2012年）、「対外交流と王権」（仁藤敦史編『古代文学と隣接諸学3　古代王権の史実と虚構』竹林舎、2019年）、「『出雲国風土記』にみる『水海』―神門水海を中心に―」（風土記を訪ねる会『いいね!風土記　第2集』2020年）

福島 恵　ふくしまめぐみ　＊

1977年生まれ。学習院大学大学院人文科学研究科史学専攻博士後期課程修了。現在、日本大学文理学部准教授。専門は北朝隋唐史・東西交渉史。
主要著作：『東部ユーラシアのソグド人―ソグド人漢文墓誌の研究―』（汲古書院、2017年）、「長安・洛陽のソグド人」（森部豊編『アジア遊学175　ソグド人と東ユーラシアの文化交渉』勉誠出版、2014年）、「唐前半期における馬の域外調達」（鶴間和幸・村松弘一編『馬が語る古代東アジア世界史』汲古書院、2018年）

古川隆久　ふるかわたかひさ

1962年生まれ。東京大学大学院人文科学研究科国史学専攻博士課程修了。現在、日本大学文理学部教授。専門は日本近現代史。
主要著作：『戦時下の日本映画―人々は国策映画を観たか―』（吉川弘文館、2003年、新装版2023年）、『昭和天皇―「理性の君主」の孤独―』（中央公論新社、2011年）、『政党政治家と近代日本―前田米蔵の軌跡―』（人文書院、2024年）

山本孝文　やまもとたかふみ　＊

1974年生まれ。大韓民国釜山大学校大学院考古学科考古学専攻博士課程修了。現在、日本大学文理学部教授。専門は東アジア考古学。
主要著作：『古代朝鮮の国家体制と考古学』（吉川弘文館、2017年）、『古代韓半島と倭国』（中央公論新社、2018年）、『考古学概論―初学者のための基礎理論―』（共著、ミネルヴァ書房、2022年）、『文房具の考古学―東アジアの文字文化史―』（吉川弘文館、2024年）

歴史学の扉　歴史を学ぶということ

2024年12月10日　第1版第1刷印刷　　2024年12月20日　第1版第1刷発行

編　者	日本大学文理学部史学科
発行者	野澤武史
発行所	株式会社　山川出版社
	〒101-0047　東京都千代田区内神田1-13-13
	電話　03(3293)8131(営業)　03(3293)8135(編集)
	https://www.yamakawa.co.jp/
印刷所	株式会社　太平印刷社
製本所	株式会社　ブロケード
装　幀	児崎雅淑（LiGHTHOUSE）

© 2024　Printed in Japan　　　　　　　　ISBN978-4-634-59234-6

● 造本には十分注意しておりますが，万一，落丁・乱丁本などがございましたら，小社営業部宛にお送りください。送料小社負担にてお取り替えいたします。
● 定価はカバーに表示してあります。